INTELLIGENZA EMOTIVA

Come usare e gestire le emozioni

Alfredo Olmi

Copyright © 2021 – Alfredo Olmi

Tutti i diritti riservati.

Questo documento è orientato a fornire informazioni esatte e affidabili in merito all'argomento e alla questione trattati. La pubblicazione viene venduta con l'idea che l'editore non è tenuto a fornire servizi di contabilità, ufficialmente autorizzati o altrimenti qualificati. Se è necessaria una consulenza, legale o professionale, dovrebbe essere ordinato un individuo praticato nella professione.

Non è in alcun modo legale riprodurre, duplicare o trasmettere qualsiasi parte di questo documento in formato elettronico o cartaceo. La registrazione di questa pubblicazione è severamente vietata e non è consentita la memorizzazione di questo documento se non con l'autorizzazione scritta dell'editore. Tutti i diritti riservati.

Le informazioni fornite nel presente documento sono dichiarate veritiere e coerenti, in quanto qualsiasi responsabilità, in termini di disattenzione o altro, da qualsiasi uso o abuso di qualsiasi politica, processo o direzione contenuta all'interno è responsabilità solitaria e assoluta del lettore destinatario. In nessun caso qualsiasi responsabilità legale o colpa verrà presa nei confronti dell'editore per qualsiasi riparazione, danno o perdita monetaria dovuta alle informazioni qui contenute, direttamente o indirettamente.

Le informazioni qui contenute sono fornite esclusivamente a scopo informativo e sono universali. La presentazione delle informazioni è senza contratto né alcun tipo di garanzia. I marchi utilizzati all'interno di questo libro sono meramente a scopo di chiarimento e sono di proprietà dei proprietari stessi, non affiliati al presente documento.

SOMMARIO

INTRODUZIONE 1

CAPITOLO 1 PARLIAMO DI EMOZIONI 4
Quando le emozioni diventano un problema 14
La competenza emotiva *14*
Reprimere le emozioni *18*

CAPITOLO 2 INTELLIGENZA EMOTIVA 24
Sintomi di una bassa intelligenza emotiva 30
Come si valuta? 32
Come migliorarla 34

CAPITOLO 3 AUTOCONSAPEVOLEZZA 37

CAPITOLO 4 CONTROLLO EMOTIVO 49

CAPITOLO 5 AUTOMOTIVAZIONE 57

CAPITOLO 6 EMPATIA 65

CAPITOLO 7 COMPETENZE SOCIALI 77
Competenze comunicative 79

Competenze di leadership 81
Competenze nella risoluzione dei conflitti 83
Competenze nella risoluzione dei problemi 85
Competenze nel prendere decisioni 88

CAPITOLO 8 INTELLIGENZA EMOTIVA E LAVORO 91

CAPITOLO 9 INTELLIGENZA EMOTIVA NELLE RELAZIONI 100
Genitori/figli 101
Nella coppia 105

CAPITOLO 10 INTELLIGENZA EMOTIVA NELLO SPORT 108

CONCLUSIONE 120

INTRODUZIONE

Quando un vostro caro amico vi confida un'esperienza che lo ha segnato in modo profondo, fate fatica a comprendere come si sente? Entrare in connessione con qualcuno per voi non è semplice?

Quando vi trovate in una situazione scomoda, riuscite a far sentire la vostra voce o preferite non dire nulla e sfogarvi in un secondo momento? Faticate a capire di essere arrivati al limite di sopportazione?

Quando il vostro capo vi fa un appunto o vi riprende per un errore che avete commesso riuscite, a fatica, a trattenere le lacrime? Ritenete che sia l'altra persona incapace di mantenere un tono equilibrato o pensiamo di essere noi quelli "troppo suscettibili"?

Se la risposta ad almeno una (o più) di queste domande è sì, la soluzione esiste, si trova tra le pagine di questo libro e si tratta di *acuire la vostra intelligenza emotiva*.

L'intelligenza emotiva è innanzitutto un'abilità e, in quanto tale, può essere allenata e migliorata. Si tratta della capacità di gestire le nostre emozioni, di esserne consapevoli, di entrare in empatia con l'altro, ovvero di saper riconoscere il suo stato emotivo. Saper utilizzare tutte queste competenze ci rende persone emotivamente intelligenti e ci farà interagire in modo più produttivo con gli altri, ma soprattutto con noi stessi.

Se, per lavoro, gestiamo un gruppo di persone o semplicemente lavoriamo al front office e siamo in contatto con i clienti quotidianamente, quanto può essere utile essere consci delle emozioni che guidano i nostri pensieri e, di conseguenza, le nostre azioni? Proviamo a pensare come cambierebbe in meglio la nostra vita se fossimo capaci di gestire forti emozioni come la rabbia, la disperazione, la tristezza, l'indecisione.

Ci hanno sempre insegnato che essere persone emotive sia un difetto, una scusa, un sintomo di debolezza e, per questo, abbiamo costruito la nostra fortezza invalicabile in cui nascondiamo (male) le emozioni che proviamo. Magari di fronte ad una persona brillante sentiamo le nostre guance divampare, abbassiamo automaticamente gli occhi e la nostra mente sembra svuotarsi, tutto d'un tratto...

Questo libro è stato scritto proprio per chi non riesce a domare le proprie emozioni e si lascia travolgere da esse quasi quotidianamente, sia per chi cerca di nasconderle sotto il tappeto, sia per chi non riesce ad indossare i panni dell'altra persona e pensa che sia semplicemente "troppo sensibile".

Nel primo capitolo esamineremo le emozioni a tutto tondo: dove risiedono, in che modo prendono forma, quali problemi portano quando vengono percepite in modo sproporzionato. Nel capitolo 2 approfondiremo il discorso relativo all'intelligenza emotiva in generale, accennando quali sono i pilastri che formano questo aspetto dell'intelligenza e capiremo in quale gradino ci posizioniamo nella scala delle persone emotivamente intelligenti. Nei capitoli da 3 a 7 entreremo nel dettaglio dei cinque pilastri dell'intelligenza emotiva, analizzando la loro funzione nella nostra vita e varie strategie per svilupparli, sfruttando il loro potenziale. Infine, gli ultimi tre capitoli del libro, offrono tre campi di applicazione dell'intelligenza emotiva: il mondo del lavoro, le relazioni e lo sport.

Spero che questo libro vi possa offrire svariati spunti di riflessione per migliorare la vostra vita e, soprattutto, la vostra intelligenza emotiva.

Buona lettura!

Capitolo 1
PARLIAMO DI EMOZIONI

La nostra intera esistenza è caratterizzata dalle emozioni: le adoriamo, le cerchiamo nei libri che leggiamo, nella musica che ascoltiamo, nelle serie tv che ci tengono incollati al computer, ne parliamo con le altre persone, le riviviamo guardando una fotografia o ripensando ad un ricordo in particolare.

Le emozioni ed i sentimenti giocano un ruolo fondamentale nella nostra attività sociale e mentale, perché si manifestano quando ci troviamo di fronte ad un evento in particolare. Queste due parole, spesso, vengono utilizzate come sinonimi ma, in realtà, non lo sono affatto: le emozioni, infatti, descrivono la reazione del nostro cervello a certi stimoli, mentre i sentimenti descrivono in modo consapevole tale impressione e si rivelano in modo più stabile e duraturo perché si formano gradualmente.

Le emozioni non sono tutte uguali, non hanno tutte la stessa intensità e, per questo, possiamo distinguerle in piacevoli (quando abbiamo superato un esame, quando ci stanno facendo un massaggio alla schiena, quando vinciamo una partita) e spiacevoli (quando rischiamo un incidente, quando ci comunicano una brutta notizia), a forte e a debole intensità. La rabbia, ad esempio, si manifesta in diverse forme: possiamo essere infastiditi, irritati o molto arrabbiati per un'offesa ricevuta.

La parola emozione deriva dal latino emovère, ossia *portare fuori, smuovere, scuotere*. L'origine si deve a Charles Darwin che, dopo la metà dell'Ottocento, notò la somiglianza delle espressioni emotive tra animali e uomini e teorizzò le emozioni come processi che ci permettono di adattarci all'ambiente che ci circonda, di valutare il pericolo e di agire di conseguenza.

Anche gli animali provano emozioni, per due ragioni: sono provvisti di circuiti neurali simili ai nostri e anche le loro reazioni somigliano alle nostre ma, attualmente, non sappiamo con certezza se siano provvisti anche di una coscienza e, quindi, non possiamo dire che provino dei sentimenti.

Sulla linea degli studi di Darwin, lo psicologo Paul Ekman ha constatato che le emozioni vengono espresse tramite modalità simili in qualsiasi luogo, tempo e cultura. Lo psicologo ha analizzato le espressioni facciali e, nello specifico, ha notato che ad ogni emozione corrisponde il movimento di determinati muscoli:
- la paura si manifesta con rughe al centro della fronte, sopracciglia ravvicinate e bocca aperta, con le labbra tese all'indietro;
- la rabbia si manifesta attraverso la comparsa di

rughe verticali tra le sopracciglia che sono abbassate e ravvicinate, lo sguardo fisso e le labbra serrate;

- il disgusto si manifesta nella parte inferiore del viso: una smorfia della bocca, il naso arricciato e le guance che si sollevano;
- la felicità si manifesta attraverso gli angoli della bocca che si sollevano insieme alle guance, e alla comparsa delle zampe di gallina agli angoli degli occhi;
- la sorpresa, invece, solleva tutte le parti del nostro viso: la direzione delle sopracciglia e delle palpebre va verso l'alto, la mascella è rilassata e non contratta (come nel caso della rabbia) e la bocca può essere aperta in segno di stupore;
- la tristezza, al contrario, fa crollare verso il basso tutto il nostro viso: gli angoli della bocca, le guance. Solo le sopracciglia e le palpebre si sollevano verso l'alto.

Quelle che abbiamo appena visto vengono denominate emozioni primarie, radicate in noi fin dalla nascita. Quelle che, invece, si manifestano nel corso della nostra vita per farci adattare a varie situazioni e che si sviluppano proprio tramite le varie esperienze che facciamo, vengono chiamate emozioni complesse e includono l'invidia, il senso di colpa, la vergogna ed il rimorso.

Le emozioni influenzano i nostri aspetti cognitivi perché migliorano o diminuiscono la nostra capacità di concentrazione, di smarrimento, il nostro stato di allerta e così via. Anche il nostro linguaggio non verbale riflette ciò che proviamo tramite il tremolio della voce, un tono alterato, la fronte corrugata, il non riuscire a tenere fermo il ginocchio quando siamo in attesa, eccetera. Le emozioni avvengono in modo involontario e spontaneo, nascono e si evolvono, certe volte cambiando, in base al significato che attribuiamo agli eventi che viviamo.

Dove risiedono le emozioni?

Nei momenti più avversi della vita, il cuore prevale sulla mente, nonostante i vincoli sociali; sono le emozioni, in quanto impulsi, che ci spingono ad agire. La funzione delle emozioni è fondamentale perché esse hanno il compito di guidarci in situazioni troppo complesse da affrontare solo con il ragionamento. Per comprendere questa funzione, però, dobbiamo porre l'attenzione sul nostro *repertorio emozionale*, ovvero un bagaglio innato che si imprime nel sistema nervoso e legato ai nostri comportamenti.

Ciascuna emozione ha un riscontro fisiologico nel nostro organismo: vediamo insieme in che modo le emozioni primarie si manifestano dentro di noi.

- la paura: viviamo uno stato di allerta in cui il corpo si immobilizza e il sangue fluisce verso le gambe, pronte per fuggire;

- la rabbia: la frequenza cardiaca aumenta, il sangue affluisce alle mani e avvertiamo una scarica di adrenalina;
- il disgusto: tentativo di chiudere le narici o di sputare il cibo che abbiamo in bocca perché si tratta di un affronto al senso del gusto e dell'olfatto;
- la felicità: accresce l'attività di un centro cerebrale che limita le sensazioni negative, aumenta l'energia che abbiamo a disposizione e ci sentiamo riposati;
- la sorpresa: le sopracciglia si sollevano per ampliare la nostra visuale, in modo tale da raccogliere il maggior numero di informazioni;
- la tristezza: il metabolismo rallenta, vi è una caduta di energia che ci può portare alla depressione.

Tutte queste reazioni biologiche vengono influenzate dalla nostra cultura di appartenenza e dall'esperienza personale che viviamo. Infatti, abbiamo a disposizione due modalità che costruiscono la nostra vita mentale: la mente razionale, ovvero quella cosciente e quella emozionale, illogica ed impulsiva. Queste due menti lavorano insieme in equilibrio e in armonia ma, a volte, una prevale sull'altra – solitamente quella impulsiva e più potente. Per comprendere al meglio come funzionano queste due menti che ci governano, abbiamo bisogno di sapere *in che modo si è evoluto il nostro cervello*.

Il tronco cerebrale, che regola le funzioni fondamentali quali respiro e metabolismo, è la parte più primitiva del nostro cervello. Esso circonda l'estremità cefalica del midollo spinale e proprio da lì derivano i centri emozionali. Questi centri emozionali, a loro volta, si sono evoluti in aree del cervello pensante, ovvero la neocorteccia, sede del pensiero. La neocorteccia ha la capacità di elaborare strategie mentali e di ideare programmi a lungo termine.

Il lobo olfattivo circonda il tronco cerebrale e lo delimita: per questo viene chiamato sistema limbico – dal latino *limbus*, contorno – e costituisce la sede dell'apprendimento e della memoria. L'amigdala è un centro del sistema limbico che ha la funzione di archiviare la nostra memoria emozionale, in quanto da essa dipendono tutte le nostre passioni e viene considerata come una sentinella, una sorta di grilletto neurale che scatta quando ci troviamo di fronte a qualcosa che odiamo o che ci ferisce. Questo significa che l'amigdala ci porta ad agire, in quanto invia input di emergenza alle parti principali del cervello mentre, nel frattempo, la neocorteccia, più lenta e in possesso di informazioni più complete, elabora una reazione più raffinata.

L'amigdala lavora per associazioni, quindi dichiara lo stato di emergenza a tutto il cervello nel momento in cui associa l'input chiave ad uno o più elementi di una circostanza pericolosa che ha già vissuto. L'ippocampo, a differenza dell'amigdala che memorizza il valore emozionale di un ricordo e registra in modo rapido e approssimativo un segnale, ha la funzione di ricordare in modo dettagliato ed ordinario il contesto.

Alcune forti emozioni, come la paura, fanno la differenza tra la vita e la morte e, per questo, garantiscono la nostra sopravvivenza. Se non esistessero le reazioni emotive che influenzano la nostra parte razionale, tutto si tingerebbe di grigio, una tonalità neutra che metterebbe a rischio proprio la nostra sopravvivenza.

A che cosa servono le emozioni?

Principalmente, le emozioni servono a garantire la nostra sopravvivenza facendoci adattare alla situazione che stiamo vivendo e preparando il nostro corpo a reagire prontamente in caso di pericolo. Questa funzione adattiva riguarda principalmente le emozioni spiacevoli, quali rabbia, tristezza, paura; la funzione delle emozioni piacevoli, invece, concerne il legame affettivo che abbiamo con le altre persone, ad esempio, quando descriviamo un'emozione che abbiamo provato, rafforziamo la relazione con i nostri cari.

Oltre a fortificare i legami affettivi, *condividere le nostre emozioni* con le altre persone è un modo per chiedere aiuto e per imparare a gestirle al meglio: quando parliamo di come ci sentiamo siamo obbligati, in qualche modo, a mettere in ordine i nostri pensieri ed a comprendere le sensazioni che accompagnano l'emozione.

Parlare di un evento traumatico che abbiamo vissuto

ci aiuta a distaccarci da esso, migliorando il nostro spirito critico in relazione a tale avvenimento e, inoltre, è un modo per distrarre la nostra attenzione, perché i nostri interlocutori tenderanno a fornirci diverse interpretazioni e racconteranno episodi accaduti a loro stessi. Nel momento in cui la persona che ci sta ascoltando ci fa capire che ritiene legittimo il nostro stato emotivo, noi ci sentiamo automaticamente rassicurati, rincuorati e questo rinforza il nostro senso di appartenenza. Condividere ci fa sentire normali perché ci rendiamo conto che quello che proviamo noi non è una rarità ma, anzi, è condivisibile da altre persone. Inoltre, i nostri rapporti interpersonali acquisiscono un certo livello di profondità grazie proprio alla condivisione delle emozioni. Le emozioni sono il mezzo più rapido per entrare in contatto con gli altri perché, per definizione, esse sono spontanee e ci danno modo di conoscerci in modo più approfondito.

Per esprimere le nostre emozioni siamo stati abituati ad utilizzare termini specifici in modo tale da renderle comprensibili a tutti; facciamo ricorso a metafore quando diciamo che qualcuno *ci ha spezzato il cuore* o che siamo così felici da *toccare il cielo con un dito*. Tutti questi modi di dire sono stati ideati per descrivere al meglio i sentimenti che proviamo perché, purtroppo, non abbiamo a disposizione parole adatte a definirli.

Le emozioni sono utili perché ci permettono di risparmiare tempo, motivandoci all'azione senza dilungarci in riflessioni che ci fanno solo perdere tempo e, volenti o nolenti, influenzando gli altri: senza esprimerci a parole, infatti, le nostre espressioni facciali comunicano per noi in modo ancora più rapido.

Le componenti che ci permettono di individuare quale emozione ci sta comunicando il nostro interlocutore sono svariate, tra cui: il comportamento messo in atto, gli eventi che hanno provocato tale emozione, le sensazioni corporee e le valutazioni cognitive... possiamo racchiudere queste componenti fondamentalmente in due categorie: consapevolezza e competenza emotiva.

Durante l'infanzia acquisiamo la consapevolezza emotiva, ovvero una funzione formata da tantissime abilità, tra cui: capacità di discernere i propri stati mentali da quelli altrui, di valutare la relazione fra pensieri, emozioni, azioni e contesto e la capacità di rintracciare i pensieri automatici e metterli in discussione.

La competenza emotiva, invece, richiede la consapevolezza del nostro stato emotivo, la capacità di entrare in empatia con le altre persone e ci permette di affrontare lo stress prodotto dalle emozioni negative. Questa componente implica avere la capacità di accettare le nostre esperienze emotive per quelle che sono, sempre se ci permettono di mantenere un equilibrio emotivo.

Le emozioni hanno il compito di farci adattare alle situazioni che viviamo attraverso cambiamenti fisiologici che ci preparano all'azione. A livello evolutivo, le emozioni ci proteggono perché ci permettono di individuare i pericoli e di difenderci da essi. Allo stesso tempo, però, il rischio che corriamo è quello di farci *travolgere dalle emozioni*, quando le viviamo troppo i o quando non riusciamo a riconoscerle.

Proprio per questo motivo è di fondamentε tanza saper riconoscere ed ascoltare le nostre ε ∍∠ioni: non dobbiamo ignorarle o negarle, ma dobbiamo sfruttarle al meglio per adattarci alle situazioni che la vita ci presenta. Reprimendole, infatti, un sentimento di malessere si svilupperà dentro noi e non ci permetterà di risolvere i conflitti con le altre persone, di prendere delle decisioni a mente lucida, di cooperare in un team al lavoro, eccetera. Inoltre, nascondere un'emozione esplosiva, come può essere la rabbia, può sfociare in sintomi psicosomatici.

Infatti, esiste una correlazione tra la maggior parte delle emozioni e la loro manifestazione fisica: questo collegamento viene chiamato *attivazione fisiologica*. Queste reazioni possono essere l'acceleramento o il rallentamento del battito cardiaco, la variazione della respirazione, rossore o pallore in viso, la secchezza in bocca, aumento della sudorazione, la dilatazione delle pupille e così via, le quali scompaiono una volta che l'emozione cessa.

Le manifestazioni espressive e i movimenti che facciamo con il nostro corpo conferiscono energia alle nostre parole e, allo stesso tempo, rivelano le intenzioni e i pensieri in modo più genuino e limpido rispetto alla comunicazione verbale. È decisamente più difficile camuffare le nostre emozioni tramite il linguaggio del corpo, invece le parole possono essere falsificate senza alcun problema.

Quando le emozioni diventano un problema

Le emozioni diventano un problema quando non siamo in grado di esprimerle e, quindi, quando abbiamo poca competenza emotiva, oppure quando tendiamo a reprimerle. Approfondiamo insieme questi due aspetti.

La competenza emotiva

Non tutti siamo bravi ad esprimere le emozioni o a riconoscerle in noi stessi, figuriamoci negli altri. La *competenza emotiva* è quella capacità che ci permette di diminuire l'intensità e la durata delle emozioni negative e di fronteggiare lo stress in modo adeguato, senza andare in panico durante un colloquio di lavoro o prima di un esame, ad esempio. Saper controllare e padroneggiare le nostre esperienze emotive significa saper accettare sé stessi ed il nostro vissuto per quello che sono, sia quando si tratta di qualcosa di strano ed eccezionale, sia quando si tratta di un'esperienza scontata o banale.

La competenza emotiva è il frutto dell'educazione alle emozioni che avviene attraverso la socializzazione con tutte le persone che ci circondano – famiglia, amici, insegnanti, coetanei, eccetera. Grazie alle interazioni sociali, il nostro modo di provare e di esprimere le emozioni migliora e si evolve per tutta la vita.

Le esperienze emozionali negative che può vivere un

bambino maltrattato, ad esempio, sono l'origine di una scarsa empatia e generano difficoltà nel riconoscere sia le proprie emozioni che quelle degli altri. Di conseguenza, una cattiva socializzazione è strettamente correlata alla scarsa capacità di riconoscere la propria vita emotiva, di esprimere le proprie emozioni e di comprendere quelle degli altri: sostanzialmente, una cattiva socializzazione è legata all'avere una competenza emotiva ai minimi livelli.

Non vi sono discrepanze tra uomo e donna per quanto riguarda la competenza emotiva: infatti, la convinzione comune ritiene le donne più emotive rispetto agli uomini, ma si tratta meramente di un pregiudizio sociale.

Possiamo, invece, suddividere i problemi relativi alla competenza emotiva in tre categorie: problemi legati alla consapevolezza delle emozioni, all'incapacità di regolare le emozioni e alle convinzioni errate che abbiamo maturato su noi stessi e sul mondo in cui viviamo.

La prima categoria concerne la mancanza di consapevolezza delle emozioni, quindi l'incapacità di riconoscerle e di identificarle: solitamente alcune emozioni non vengono proprio avvertite o solo raramente e in modo poco intenso, oppure chi soffre di disturbo da stress post traumatico può provare solo una limitata cerchia di emozioni connesse al trauma. In molti casi, chi non riesce ad essere consapevole delle proprie emozioni avverte dei problemi anche a livello fisico.

La seconda categoria racchiude tutti i problemi relativi alla *gestione delle emozioni* dal punto di vista comportamentale, cognitivo e relazionale. Chi soffre di questa mancanza cerca di equilibrare le esperienze intense e dolorose con comportamenti disadattivi – alcool, droghe, autolesionismo, abuso di farmaci, abbuffate, sesso smodato. Le emozioni sono avvertite in modo troppo pervasivo, per cui chi non riesce a gestirle deve lavorare sulla propria regolazione emotiva, la quale svolge un compito fondamentale nel processo di adattamento all'ambiente in cui viviamo.

Per superare questo problema, abbiamo bisogno di lavorare su più fronti: imparare a gestire le nostre emozioni (argomento che affronteremo nel capitolo 4) e aumentare il livello di tolleranza alla sofferenza mentale, sviluppando la nostra *resilienza*, ovvero la capacità di affrontare gli ostacoli nel migliore dei modi, uscendone vincitori e non vinti. Per allenare la nostra resilienza e diventare persone felici e appagate dalla vita, abbiamo bisogno di affrontare le situazioni difficili: non possiamo pensare di rafforzarci mentalmente se evitiamo tutto ciò che ci mette a disagio. Una situazione difficile può essere il licenziamento, ad esempio o il divorzio o la perdita di una persona cara. Per fronteggiare queste situazioni inevitabili e non lasciarci abbattere, dobbiamo vivere l'evento negativo e vederlo in chiave produttiva cioè possiamo rilanciarci, rimetterci in gioco e trovare un nuovo impiego che ci valorizzi davvero (nel caso del licenziamento). Purtroppo, non possiamo controllare ogni aspetto della nostra vita, ma possiamo concentrarci su ciò che possiamo gestire: non possiamo fare nulla per riportare in vita una persona che è mancata, ma possiamo essere resilienti e adattarci al cambiamento. Agire e non restare a subire passivamente il corso degli eventi è un modo per allenare la nostra resilienza, così come trovare il nostro scopo nella vita. Una vita senza un obiettivo da raggiungere ci porta a compiere delle scelte prive di significato e ci espone a manipolatori che tenteranno di sfruttarci a loro vantaggio.

La terza e ultima categoria riguarda la lente attraverso cui guardiamo il mondo e noi stessi. Questa lente è formata da un insieme di credenze, di abitudini, di modi di pensare che portiamo dentro noi e che rafforziamo col passare del tempo: può essere fatta anche dal senso di colpa che proviamo nei confronti dei nostri genitori, o dell'ansia relativa al giudizio altrui, o alla vergogna che proviamo in determinate situazioni sociali.

Quando queste emozioni raggiungono livelli troppo elevati, il problema sfocia in qualcosa di invalidante. L'ansia può diventare un attacco di panico o può invalidare gli spazi mentali, la tristezza rende difficile e doloroso vivere come nel caso della depressione, la rabbia e la gelosia influenzano negativamente le relazioni interpersonali e, infine, anche la gioia, se smodata, porta a problemi di mania.

Tutte le credenze responsabili dell'attivazione massiccia di determinate emozioni devono essere identificate per poi poterle mettere in discussione: questo non significa limitarci a pensare in modo positivo, piuttosto creare alternative costruzioni della realtà.

Reprimere le emozioni

Secondo Sigmund Freud, il nostro corpo costituisce la nostra identità in quanto abbiamo coscienza di noi stessi grazie alla percezione del nostro corpo che ci permette di porre un limite tra la nostra esistenza e quella del mondo intorno a noi. Nonostante ciò, la nostra identità si manifesta anche attraverso la nostra mente, quindi un cambiamento della personalità avrà dei riscontri anche nelle nostre funzioni fisiche.

Possiamo notare quest'ultima affermazione nel momento in cui stiamo attraversando una fase critica della nostra vita che scombina i nostri piani e cambia il nostro stato d'animo a livello mentale, ma modifica anche qualcosa dal punto di vista organico. Ad esempio, quando siamo sotto stress, siamo più predisposti a contrarre una malattia o ad avvertire delle tensioni muscolari.

Purtroppo, non siamo in grado di sentire quello che accade nel nostro corpo, siamo inconsapevoli dei segnali che esso ci invia ed è proprio da lì che nascono i disturbi psicosomatici. Il nostro corpo rimane sempre in secondo piano, perché non siamo abituati a prenderne coscienza. Proprio per questo motivo, ogni emozione repressa sviluppa una reazione corporea che tendiamo a non collegare con il nostro stato d'animo.

Come quando ci si addormenta il braccio e per ristabilire la sensazione di averlo dobbiamo "soffrire" un minimo, ogni volta che un'emozione viene repressa tenderà a bloccare una parte del nostro corpo, come potrebbe essere un blocco intestinale o una tensione nella zona cervicale.

Il nostro corpo è il messaggero di tutti quei bisogni che rimangono inespressi e ci dà tutte le informazioni necessarie ad allentare le tensioni e le contrazioni muscolari. Ad esempio:

- avere la mascella serrata, le labbra socchiuse, la voce roca sono sintomi tipici di una persona che vuole evitare i cambiamenti e che ha bisogno di sicurezza. Contrarre molti fasci muscolari, infatti, la porta ad anestetizzare le sensazioni spiacevoli;

- ritrarre i muscoli della mandibola e del bacino è tipico di chi ignora un desiderio per evitare di avvertire la frustrazione dovuta al non riuscire a soddisfarlo. Queste persone solitamente hanno una masticazione veloce e hanno una postura ingobbita, con le spalle chiuse;

- strizzare lo sguardo a causa di una contrazione dei muscoli attorno agli occhi è tipico di chi non vuole agire per evitare di apparire inappropriato, nonostante avverta il forte bisogno di fare qualcosa.

Corpo e mente sono considerati una cosa sola: pensiamo al rossore che divampa sul nostro viso quando siamo in imbarazzo o al ritmo del cuore che accelera se ci troviamo in una situazione che ci provoca un senso di angoscia e di paura. La connessione tra corpo e mente è palese e pervade la nostra vita quotidiana; questo collegamento è stato approfondito dalle Neuroscienze, in particolar modo nella branca della psicosomatica che si occupa di definire in che modo il disturbo che riscontriamo nel nostro organismo sia collegato alla nostra sfera affettiva.

Il nostro organismo viene influenzato dalle forti emozioni e dallo stress, infatti diventa più vulnerabile in tali contesti. Proviamo a pensare al mal di testa o al mal di stomaco che seguono un litigio o un evento stressante: come reagiamo a tali sintomi?

Alcuni di noi assumono farmaci, altri cercano di resistere, magari distraendosi per ignorare il dolore, altri ancora si fanno prendere dal panico e corrono dal dottore perché il malessere è diventato cronico. Abbiamo reazioni diverse al dolore, ma il limite che ci poniamo ogni volta è quello di smettere di riflettere e non pensare alle *cause* che hanno provocato quel male: tristezza, rabbia repressa, nervosismo, sensi di colpa, stress... queste sono solo alcune delle cause possibili.

Perché accade tutto questo?

Semplicemente, siamo troppo impegnati a tenere sotto controllo le nostre emozioni e a reprimerle e, per questo, facciamo fatica a comprendere che la rabbia repressa (o qualsiasi altra emozione non sfogata) si annidi da qualche parte dentro di noi, manifestandosi in un sintomo psicosomatico. Ignorare il problema può sembrare la soluzione più semplice ma, di fatto, non si tratta di una risoluzione. Ogni volta che facciamo finta di niente, il nostro corpo ci difende in qualche modo e sfogherà quelle emozioni che non siamo stati capaci di gestire con la nostra mente.

I disturbi psicosomatici più comuni sono cinque:

- cefalea o emicrania: si tratta di un conflitto non risolto o della rabbia che non trova le giuste parole per sfogarsi o, ancora, di una parte di noi che vuole dire la sua ma non trova voce. Impariamo a dire la nostra opinione senza offendere nessuno, con i dovuti modi e toni;

- mal di stomaco: si sa, la pancia è il nostro secondo cervello. Si tratta della parte con la più alta concentrazione di neuroni dopo il cervello e, anch'essa, controlla le emozioni. Gastrite, difficoltà di digestione, ulcera, sono reazioni a qualcosa che non funziona nella nostra vita. Lo stomaco ci avvisa che è arrivato al limite, non abbiamo più modo di ingoiare bocconi amari perché non riesce più a digerirli. Impariamo a dire no e a fare solo ciò che ci sentiamo davvero di voler fare;

- dermatite: escludendo le cause organiche, la dermatite può essere un disturbo psicosomatico quando abbiamo qualcosa di irrisolto nella nostra mente. Infatti, la pelle è quello strato che separa il nostro mondo interno da quello esterno. Orticaria ed herpes possono essere sintomi di rabbia repressa. In questo caso, abbiamo bisogno di canalizzare il nervoso in un'attività fisica, ad esempio;

- ipertensione arteriosa: ansia, stress prolungato nel tempo e una cattiva alimentazione provocano l'innalzamento della pressione. Chi soffre di ipertensione, solitamente, ha bisogno di avere il controllo su tutto: situazioni, affetti, emozioni che vengono giudicate come inadeguate e, per questo, ignorate. La soluzione è mollare la presa, d'altronde non possiamo avere il controllo su ogni aspetto della vita e impariamo a fidarci delle persone che abbiamo accanto e ne guadagneremo in salute;

- nausea: quando rifiutiamo del cibo perché abbiamo la nausea non dovuta a qualcosa che abbiamo mangiato significa che, nella vita, stiamo rifiutando una persona, un'emozione o una situazione che vogliamo soffocare. Analizziamo la situazione e cerchiamo di capire che cosa non riusciamo proprio ad accettare. La nausea vuole allontanare qualcosa che non ammettiamo di avere vicino, prestiamole sempre ascolto.

Questi sono solo alcuni esempi, ma il fulcro del discorso è che *i muscoli si contraggono per contenere un'emozione che non ha modo di sfogarsi* altrimenti. Partendo dalla tensione muscolare o dal sintomo psicosomatico è più facile risalire all'emozione repressa, piuttosto che il contrario.

Secondo uno studio della Yale University, viviamo oltre 500 esperienze emotive ogni giorno ma ne siamo coscienti solo di una piccola quantità. Nessuno ci ha insegnato a riconoscerle o ad interpretarle, tantomeno a saperle gestire e sfruttarle a nostro vantaggio.

Capitolo 2
INTELLIGENZA EMOTIVA

Quando pensiamo ad una persona intelligente, solitamente ci viene in mente quel bambino che, fin dalle scuole elementari, non aveva problemi a comprendere la matematica e la geometria. Il ritratto di una persona intelligente la vede un po' nerd, amante dello spazio, dell'astronomia, della scienza in generale e di tutte quelle materie che hanno a che fare con la logica.

Per fortuna, la nostra intelligenza non viene misurata solo in base al nostro QI (Quoziente Intellettivo): una persona può essere considerata un genio, può essere capace di ragionare velocemente e di vincere qualsiasi partita a scacchi, può avere tre lauree, ma se non è in grado di gestire le proprie emozioni e di esserne consapevole, o di entrare in empatia con il proprio interlocutore, allora non può essere considerata intelligente dal punto di vista *emotivo*.

L'intelligenza emotiva, infatti, si compone di due tipologie di intelligenza: quella *intrapersonale*, relativa alla consapevolezza dei nostri sentimenti, dei nostri obiettivi e dei nostri valori e di quella *interpersonale*, ovvero la consapevolezza dei sentimenti, delle emozioni e delle motivazioni delle altre persone.

La teoria dell'evoluzione di Charles Darwin ha portato alla luce il fatto che la nostra mente si sia evoluta per provare emozioni, in modo tale da poterci adattare all'ambiente in cui viviamo al meglio delle nostre capacità. Ad esempio, la paura che proviamo in certe situazioni riesce a motivarci ad evitare qualcosa quando siamo in pericolo.

Che cos'è, dunque, l'intelligenza emotiva?

L'intelligenza emotiva è un aspetto della nostra intelligenza legato alle emozioni; questo argomento è stato trattato per la prima volta nel 1990, da Peter Salovey e John D. Mayer, due professori che l'hanno definita come *la capacità di controllare le emozioni ed i sentimenti propri e altrui e di utilizzare le informazioni per guidare le proprie azioni ed i propri pensieri.*

La definizione che abbiamo appena visto è stata poi aggiornata perché ritenuta troppo blanda: l'intelligenza emotiva, infatti, tocca ogni parte delle emozioni, dall'abilità di percepirle, esprimerle, controllarle al saper accedere ai sentimenti e/o crearli quando facilitano i pensieri. Si tratta, quindi, della nostra capacità di comprendere e di gestire le nostre emozioni e di capire anche i sentimenti altrui. Inoltre, si tratta dell'abilità di sfruttare le nostre conoscenze per guidare azioni e pensieri. L'intelligenza emotiva è quella più importante perché ci permette di migliorarci sia dal punto di vista personale che lavorativo.

Cinque anni più tardi, nel 1995, Daniel Goleman pubblicando il libro "Emotional Intelligence" ha risollevato l'interesse in questa branchia dell'intelligenza.

L'intelligenza emotiva riguarda la capacità di essere più consapevoli delle emozioni che proviamo per comprendere ciò che ci stanno segnalando ed è composta da cinque pilastri:

- *Autoconsapevolezza*: ovvero la capacità di riconoscere e dare un nome alle emozioni che proviamo in determinate situazioni ed è l'insieme delle nostre intuizioni e del nostro stato interiore. Come abbiamo visto nel capitolo precedente, le emozioni si palesano in due forme: psicologicamente tramite pensieri, atteggiamenti e convinzioni e fisicamente, tramite le sensazioni corporee. Il nervosismo, ad esempio, è un mix tra queste due componenti, ovvero tra certi pensieri deleteri – ho paura di fallire, non sono abbastanza bravo – e sensazioni che avvertiamo dentro noi, come le farfalle nello stomaco. Essere *consapevoli* dei nostri stati emotivi è sufficiente per saperli gestire nel migliore dei modi: dare un nome alle emozioni negative è un modo per iniziare a superarle. Riflettere sulle nostre emozioni, quindi, può aiutarci a capire meglio noi in primis e poi come funziona la nostra mente, ma soprat-

tutto ci permette di capire le emozioni che provano gli altri;
- *Controllo emotivo*: ovvero la capacità di controllare le emozioni, i nostri impulsi, il nostro stato mentale. Una volta che abbiamo imparato a dare un nome alle emozioni e ne siamo, quindi, consapevoli, abbiamo bisogno di capire *come gestire queste emozioni*. Le strategie che vengono utilizzate per regolarle al meglio sono principalmente due: incanalare l'emozione in modo costruttivo, attraverso l'esercizio fisico, la scrittura, la pittura per citare alcuni modi, oppure evitare i fattori che la scatenano, come le persone, le situazioni o gli ambienti che possono far emergere un'emozione spiacevole. Ad esempio, quando ci sentiamo pigri e poco produttivi possiamo ascoltare musica motivante, ritmata; oppure quando siamo tristi possiamo decidere di guardare una commedia piuttosto che un film drammatico. In questo modo, facendo qualcosa di esattamente opposto a come ci sentiamo, diventiamo degli osservatori che, passivamente, assistono alla trasformazione delle proprie emozioni;
- *Auto-motivazione*: ossia l'abilità di motivarci a rinviare una gratificazione temporanea per ottenere benefici più concreti in futuro. Si tratta di una sorta di forza di volontà che può essere allenata come faremmo in palestra con i muscoli. Le

persone si dividono in varie categorie, tra cui ottimisti e pessimisti: i primi di fronte al fallimento assegnano la responsabilità a fattori che possono essere modificati, mentre i pessimisti attribuiscono il fallimento a loro stessi e a circostanze che non possono essere modificate. La differenza tra i due è la mentalità: una è di crescita perché una persona ottimista crede fermamente che ci sia sempre margine di miglioramento, mentre l'altra è fissa e pensa che il talento di una persona sia qualcosa di innato e che, quindi, non possa essere modificato (o migliorato);

- Empatia: intesa come *riconoscimento delle emozioni altrui* e non come sapersi immedesimare nella sofferenza degli altri. Questo pilastro è uno dei più importanti e rappresenta un punto di svolta, o meglio, il punto di incontro tra la nostra autocoscienza e la consapevolezza altrui: migliorando la consapevolezza di noi stessi abbiamo modo di migliorare quella altrui, imparando che, a volte, c'è una differenza, seppur sottile, tra i sentimenti e i pensieri che proviamo noi e quelli che provano gli altri. L'empatia è la capacità di vedere le cose da un punto di vista diverso dal nostro e di prendere in considerazione quei pensieri e quei sentimenti. Ovviamente non è possibile comprendere a fondo la mente di qualcun altro, non sappiamo ancora leggere nel pensiero, ma possiamo prestare attenzione a ciò che la persona di fronte a noi ci sta comunicando verbalmente e non. La prospettiva è uno strumento potentissimo che ci permette di immaginare di sperimentare una situazione dal punto di vista di qualcun altro. Domandiamoci sempre *che cosa sta pensando? Che cosa prova? Qual è il motivo per cui agisce in quel modo?*

- *Abilità sociali*: ovvero, la capacità di negoziare i conflitti, la capacità di comunicare in modo efficace e di influenzare gli altri.

Una volta comprese le nostre emozioni e quelle altrui, il prossimo passo è capire *come rispondiamo alle emozioni degli altri*. Gran parte del nostro mondo emotivo ha una componente sociale: l'amore, il rifiuto, il senso di colpa e l'imbarazzo sono tutte emozioni sociali. Essere in sintonia con le emozioni degli altri è fondamentale per costruire relazioni sane altrimenti, se ci rendiamo conto che il nostro modo di parlare e di agire causa emozioni negative nelle altre persone, significa che dobbiamo lavorare sulle nostre abilità sociali. Per riuscire a costruire un buon rapporto con le altre persone, possiamo coltivare emozioni positive come gioia, entusiasmo, senso dell'umorismo e ottimismo perché tutte le emozioni sono contagiose. Anche il nostro atteggiamento nei confronti della vita influenza gli altri, teniamolo bene a mente.

L'intelligenza emotiva è una sorta di kit di strumenti che ci permettono di rispondere ad una particolare emozione, ma non tutti funzioneranno a seconda della situazione; più accresciamo la nostra intelligenza emotiva, più sapremo identificare quale strumento potremo usare per rispondere ad un'emozione.

Sintomi di una bassa intelligenza emotiva

Avere una bassa intelligenza emotiva è un problema per noi e per le nostre relazioni sociali, di qualunque tipo. Se davvero esiste un tipo di successo per cui vale la pena impegnarsi perché ci rende felici, è quello delle relazioni interpersonali. Proprio per questo motivo, abbiamo bisogno di sviluppare l'intelligenza emotiva, altrimenti faremo fatica a trionfare.

Con un basso livello di intelligenza emotiva, avremo parecchie difficoltà a gestire i conflitti al lavoro, con i nostri colleghi, con i nostri capi o con i nostri collaboratori, ma anche con gli amici, il partner e i familiari perché renderemo irrimediabilmente tese e complicate le situazioni sociali.

Di seguito, troveremo delle affermazioni scritte *in corsivo* che ci permetteranno di individuare quali sono i sintomi che ci fanno intuire di avere una bassa intelligenza emotiva. Non lasciamoci abbattere: saper riconoscere di avere una carenza in questo campo è una buona notizia, perché possiamo migliorare e sappiamo da che parte iniziare!

La maggior parte delle volte non capiamo come si sentono le altre persone – i sentimenti altrui risultano estranei a noi ma, paradossalmente, ci sentiamo incompresi e pensiamo che gli altri non si sforzino mai abbastanza per capirci. Di conseguenza, siamo esasperati dalle situazioni e questo ci rende estremamente irritabili: la maggior parte dei nostri litigi sono causati dall'incomprensione. Il problema che si nasconde dietro questo dato di fatto è l'incapacità di esprimere in modo corretto le nostre emozioni, in quanto sappiamo canalizzarle solo sotto forma di rabbia.

Pensiamo che le altre persone siano troppo sensibili – di fronte alle manifestazioni di tristezza e di rabbia, crediamo fermamente che si tratti di un eccesso di sensibilità nell'altro e non sappiamo come gestire le situazioni o agiamo in modo inadeguato perché non siamo in grado di comprendere come si sentono gli altri. Il problema di base, in questo caso, è la mancanza di empatia accentuata dal fatto che non vogliamo accettare opinioni altrui e difendiamo il nostro punto di vista con una determinazione senza pari. Di conseguenza, siamo visti come persone pessimiste e molto critiche di fronte ai sentimenti degli altri, quasi fredde.

Non sappiamo gestire forti emozioni – e, per questo, tendiamo a nascondere le nostre vere emozioni o ad evitare situazioni che richiedano di esternare i nostri sentimenti per non doverli affrontare. Quando non abbiamo modo di fuggire di fronte ad una situazione in particolare, le emozioni esplodono in modo incontrollabile e sproporzionato.

Abbiamo difficoltà a mantenere relazioni di qualunque tipologia – le relazioni richiedono tempo e un continuo scambio di dare e ricevere, saper ascoltare attivamente e saper entrare nei panni dell'altra persona. Un rapporto diventa sempre più intimo quando tutti questi elementi si fortificano: se la nostra abilità sociale è nulla, non abbiamo modo di stabilire una relazione sana con i nostri cari. Nonostante ciò, ci sentiamo le vittime del problema perché non riusciamo a comprendere l'origine dei nostri fallimenti relazionali.

Come si valuta?

Le seguenti affermazioni scritte *in corsivo* ci permetteranno di riflettere e di comprendere quali sono gli aspetti dell'intelligenza emotiva che già padroneggiamo e quali, invece, abbiamo bisogno di migliorare. Iniziamo!

Conosciamo i nostri punti di forza e di debolezza – essere consapevoli è il primo pilastro dell'intelligenza emotiva: sapere chi siamo, dove vogliamo andare, avere trovato il tempo di esplorarsi e di conoscere le nostre passioni senza temere le proprie mancanze ma accettandoci per come siamo e cercando di migliorarci ogni giorno e colmare quelle lacune che ostacolano la nostra felicità.

Siamo in contatto con la nostra interiorità (il nostro Io interiore) – conversiamo continuamente con la vocina che abbiamo nella testa e sappiamo perfettamente che cosa ci rende felici o che cosa ci manda su tutte le furie. Sappiamo controllare quella voce che è sempre gentile con noi e non fa commenti scomodi solo per metterci a disagio ma, soprattutto, non ci giudica. Sappiamo controllare la nostra emotività ed i nostri impulsi, soprattutto nei contesti lavorativi.

Sappiamo gestire lo stress – non ci facciamo prendere dal panico di fronte ad un esame o in una situazione nuova, sappiamo uscire dalla nostra zona di comfort e sappiamo portare a termine qualsiasi progetto senza farci travolgere dall'ansia.

Pensiamo in grande, ma anche in piccolo – gli obiettivi a breve termine sono quelli che ci danno una spinta, mentre quelli a lungo termine ci permettono di mantenere i piedi ancorati al suolo quando siamo invasi dall'eccitazione che caratterizza gli inizi.

Siamo motivati ed ambiziosi – non importa quale sia il sentimento che mantiene alta la nostra motivazione, purché si tratti di un'emozione nobile.

Amiamo ascoltare attivamente le persone – non ci limitiamo ad annuire tentando di mostrare interesse quando in realtà ci stiamo annoiando a morte: ci piace approfondire il discorso, porre domande e capire il punto di vista dell'altra persona.

Non proviamo indifferenza nei confronti degli altri – ci piace entrare in empatia, comprendere a fondo e dare consigli (se richiesti) che possano davvero migliorare la vita dell'altra persona.

Come migliorarla

Contrariamente al quoziente intellettivo che rimane costante nel corso di tutta la nostra vita, l'intelligenza emotiva può essere allenata e migliorata nel tempo. Per imparare a sviluppare le varie aree che compongono la nostra intelligenza emotiva, approfondiremo il discorso nei prossimi capitoli: di seguito, troveremo alcuni spunti che possono aiutarci in linea generale a sviluppare questa capacità.

Come ci sentiamo? – di fronte ad una situazione scomoda che sappiamo ci farà provare un'emozione negativa, cerchiamo di non fuggire. Allo stesso modo, non ignoriamo i sentimenti che ci mettono a disagio distraendoci con qualche attività o facendo finta di niente. Prendiamo l'abitudine di affrontarle, fermandoci un istante e domandandoci come ci sentiamo in quel momento. Se non siamo abituati ad ascoltare le nostre emozioni, probabilmente ci metteremo del tempo per farle emergere: prendiamoci tutto il tempo che occorre.

Non giudichiamo le nostre emozioni – dare un nome alle emozioni e giudicarle sono due attività ben diverse. È facile giudicarle prima del tempo, ma non dobbiamo cedere alla tentazione di respingerle prima di averle analizzate appieno, capendo per quale motivo sono nate e perché si sono manifestate. Ascoltiamo le nostre emozioni, senza cercare di nasconderle in un cassetto del nostro cuore – anche perché, come abbiamo visto, si paleseranno in qualche modo, magati sotto forma di mal di testa.

Cerchiamo le connessioni – tra i motivi per cui ci sentiamo in un certo modo e le emozioni che stiamo vivendo, anche quando si tratta di un'emozione difficile. Verifichiamo dentro di noi, scavando nella nostra memoria, per capire se abbiamo già provato qualcosa del genere in passato, in modo tale da poter riflettere sulla situazione che stiamo vivendo.

Colleghiamo pensieri ed emozioni – forse le emozioni che proviamo nascono proprio dai pensieri che ci tormentano: a volte esse possono contraddirsi tra di loro, è normale, limitiamoci ad ascoltarle ed a sintetizzarle.

Ascoltiamo il nostro corpo – le emozioni si riflettono fisicamente sui nostri organi e sulle varie parti del corpo: ascoltare il nostro corpo ci permetterà di riconoscere e di classificare meglio le nostre emozioni.

Chiediamo un parere agli altri – fare una domanda ad una persona cara di cui ci fidiamo può essere lampante. Spesso questo consiglio non viene seguito perché si tratta di chiedere aiuto a qualcuno che, tuttavia, può davvero farci comprendere come ci sentiamo in quanto, magari, ha provato la stessa sensazione in passato.

Ascoltiamo il nostro inconscio – quando ci rilassiamo, lasciamo vagare la nostra mente e osserviamo quale direzione prendono. Annotiamo i sogni al nostro risveglio su un quaderno o direttamente sulle note del cellulare, in modo tale da averli sott'occhio e prestare attenzione a quelli che ci provocano forti emozioni.

Valutiamo il nostro benessere – in una scala da 1 a

100, come ci sentiamo oggi? Possiamo annotare le nostre emozioni su un diario e riflettere su quali aspetti della vita si collegano ad essi.

Orientiamo la nostra attenzione verso l'esterno – analizzare noi stessi è fondamentale, così come lo è alzare lo sguardo e scoprire il mondo attorno a noi, ricco di stimoli che dobbiamo sempre essere pronti a cogliere.

> # Capitolo 3
AUTOCONSAPEVOLEZZA

Il primo pilastro dell'intelligenza emotiva è l'autoconsapevolezza, ovvero la cognizione di sapere chi siamo, cosa vogliamo, verso quale direzione stiamo andando e quali sono i nostri valori. Essere consapevoli significa agire in modo intenzionale, con lo sguardo attento ma non giudicante ad ogni cosa che pensiamo, diciamo e facciamo. In definitiva, significa essere onesti con sé stessi perché abbiamo modo di vedere le cose più chiaramente grazie alla comprensione dei sentimenti e del modo in cui le nostre emozioni influiscono sulle nostre azioni.

Dal punto di vista scientifico, l'autoconsapevolezza attiva la neuro corteccia, ossia la parte del nostro cervello che ha il compito di pensare e di analizzare le cose per quello che sono. La consapevolezza è un processo cognitivo che si differenzia dalla sensazione, ovvero il mutamento di stato del nostro sistema neurologico causato dal contatto con l'ambiente esterno tramite gli organi di senso, e dalla percezione, ossia il processo psichico che organizza i dati sensoriali in un'esperienza.

Spesso, il concetto viene utilizzato come sinonimo di coscienza che, infatti, indica la consapevolezza che ognuno di noi ha di sé stesso e dei nostri pensieri, dei nostri obiettivi, dei nostri sogni.

Essere autoconsapevoli significa essere coscienti del proprio essere e delle proprie azioni; in senso più ampio, si intende la capacità di riuscire a vivere interamente la propria esistenza e di comprendere anche quella delle persone intorno a noi, riconoscendo i loro stati d'animo oltre che i nostri.

Per alcuni questa capacità potrebbe risultare innata, altri, invece, avranno bisogno di sforzarsi per allenarla con pazienza e con la volontà di migliorare in qualità di essere umano.

In psicologia, il termine metacognizione si riferisce alla consapevolezza dei processi di pensiero, mentre il termine metaemozione indica la consapevolezza delle proprie emozioni. John Mayer ha classificato le persone in tre diverse categorie a seconda di come percepiscono le proprie emozioni:

- persone autoconsapevoli – coloro che sono consapevoli dei propri stati d'animo nel momento esatto in cui si manifestano;

- persone sopraffatte – coloro che sono incapaci di sfuggire alle proprie emozioni e si lasciano sopraffare da esse;

- persone rassegnate – coloro che accettano i propri

sentimenti così come sono, senza tentare di modificarli.

Oltre a queste tre categorie, esiste anche quella più particolare chiamata alessitimia – dal greco *a* (mancanza) *lexis* (parola), *thymos* (emozione) – che concerne quelle persone che non riescono ad esprimere a parole i propri sentimenti, in quanto mancano di autoconsapevolezza.

A che cosa serve l'autoconsapevolezza?

Avere la capacità di guardare le cose da una certa distanza, cogliendo l'impatto dei fenomeni osservandoli in modo ricettivo e non giudicante è un tipo di attenzione che ci porta ad essere più comprensivi nei confronti di noi stessi, relativamente alle nostre credenze e ai nostri pensieri – soprattutto quelli negativi.

Ad ogni stimolo corrisponde una reazione, questo lo sappiamo perfettamente. Proviamo a pensare alla reazione che abbiamo d'istinto quando qualcuno ci muove una critica o ci rimprovera. Le possibilità sono sostanzialmente tre: ci lasciamo travolgere, preferiamo fuggire ed ignorare il commento, oppure possiamo imparare a gestire le nostre reazioni. Ogni volta che ci fermiamo ad analizzare i nostri stati d'animo o quelli degli altri stiamo imparando una delle lezioni più preziose: quella di acquisire più consapevolezza.

Proviamo a pensare alla rabbia, una delle emozioni primarie. Quali sono le situazioni che fanno scattare quel meccanismo per cui vediamo tutto rosso? Quali parole ci stuzzicano e la innescano? L'unico modo per evitarle è imparare a conoscere la nostra rabbia (e quella altrui) per comprendere quali reazioni possono provocare certi stati d'animo. Praticare l'autoconsapevolezza vuol dire riuscire a realizzare di trovarci ad un millimetro dall'essere travolti dalla rabbia e imparare a controllare le nostre reazioni. In questo caso, avere autoconsapevolezza significa sviluppare autocontrollo, ben diverso dalla repressione di cui abbiamo lungamente parlato.

Possiamo praticare la consapevolezza imparando a riconoscere le emozioni negative scaturite da un commento, dall'azione di qualcuno che ci ha disturbato in qualche modo. Invece di saltare a conclusioni affrettate, possiamo provare a distaccarci dalla situazione ed osservarla da lontano, come farebbe una telecamera che riprende la scena oppure provare ad immedesimarci proprio in quella persona.

La caratteristica distintiva dell'autoconsapevolezza è la capacità di non prendersi sul serio, di saper ridere di sé stessi. Se la maggior parte dei commenti che ci rivolgono i nostri colleghi o persino i nostri cari ci offendono e ci feriscono, probabilmente abbiamo bisogno di lavorare sulla nostra autoironia. Questa, infatti, ha come requisito fondamentale una certa dose di autoconsapevolezza che riesce a farci accettare per come siamo, impedendo alla negatività di prendere il sopravvento. Di conseguenza, per incrementare la nostra autoconsapevolezza sarà sufficiente sorridere delle nostre preoccupazioni e chiedere agli altri un feedback su di noi, per avere un giudizio obiettivo, privo di emozioni che distraggono.

L'errore che compiamo tutti è quello di non essere abbastanza obiettivi proprio perché ci lasciamo sopraffare dalle emozioni: chiedere riscontro ai nostri amici può essere un modo per avere un quadro della situazione meno soggettivo. Chiaramente, quando chiediamo consiglio a qualcuno, dobbiamo essere abbastanza forti da accettare le critiche costruttive, così da lavorarci su e migliorare.

L'autoconsapevolezza ci aiuta a capire in che modo le nostre emozioni influenzano i nostri comportamenti e le scelte che prendiamo, invece l'autoregolazione emotiva ci permette di gestire gli stati d'animo che percepiamo per evitare di agire in modo impulsivo.

Sviluppando l'autoconsapevolezza, abbiamo modo di controllare i nostri pensieri e, di conseguenza, anche le emozioni che influenzano le nostre azioni; per questo motivo, il modo migliore per incrementarla è praticare la *mindfulness*. Questa tecnica unisce la consapevolezza alla concentrazione, vale a dire allo sforzo che la mente si allena a fare per dirigere tutta la nostra attenzione verso un qualcosa in modo puro, senza interferenze di pensieri e di giudizi. Praticare la mindfulness significa esercitare la nostra mente a prestare attenzione al *hic et nunc* (qui ed ora) in modo intenzionale e mai giudicante, con lo scopo di conoscere il nostro mondo interiore e quello esterno, che viviamo, per ciò che realmente sono: osservandoli con un occhio capace di accettare l'imperfezione e imparando a vivere il presente, senza farsi trascinare dai pensieri. Le riflessioni che bombardano la nostra mente continuamente, infatti, conoscono solo due tempi verbali, il passato e il futuro, che ci distraggono dal presente e, in entrambi i casi, provocano delle sensazioni negative: il continuo rimuginare sul passato e l'ansia legata a quelli orientati al futuro. L'unico motivo che abbiamo di ripensare al passato (e l'unico caso in cui ha senso farlo) è legato al fatto che quel pensiero porti all'azione, magari per risolvere un problema reale; altrimenti è solo un modo per aumentare la negatività che aleggia intorno a noi costantemente.

Quando la nostra mente riesce a rimanere ancorata al presente, invece, può esprimere appieno la sua potenzialità perché lavorerà sulla realtà, l'unico materiale che ha a disposizione. In questo modo, la nostra mente non si affanna ad inseguire il passato o il futuro, non ha modo di rimpiangere, di provare frustrazione o ansia e di soffrire per l'incertezza ed il confronto.

L'accettazione di vivere il qui ed ora si riflette nel rapporto che abbiamo con noi stessi perché migliora il nostro modo di prestare attenzione e ci permette di individuare, con una certa prontezza, tutti quei pensieri che alimentano il nostro malessere interiore.

In cosa consiste la mindfulness?

La mindfulness è un'abilità che possiamo sviluppare attraverso la pratica di meditazione e che ci porterà ad avere uno stato mentale naturalmente più predisposto alla felicità e alla soddisfazione personale. Praticare la mindfulness non significa solo sedersi a gambe incrociate con gli occhi chiusi: si tratta di una pratica dinamica che richiede energia, tempo, intenzione, disciplina e forza di volontà.

Il punto focale della mindfulness consiste nel rivolgere l'attenzione al presente utilizzando una concatenazione di fenomeni che abbiamo a disposizione in ogni momento:

- il nostro corpo, concentrandoci sul respiro e su determinate aree della nostra figura o nella sua interezza;

- la percezione dei sensi che offre una risposta a ciò che adoriamo, a ciò che non ci piace e a ciò che non ci fa alcun effetto;

- Le costruzioni mentali che seguono la percezione dei sensi, quali rabbia, dolore, compassione, desiderio...

- Gli oggetti della mente, ovvero tutto ciò che è reale o astratto e che suscita delle costruzioni mentali dopo essere stato percepito dai nostri sensi.

L'osservazione di tutti questi fenomeni – attenzione: *osservazione senza giudizio* – alimenta, a lungo andare, uno stato di calma che permette alla nostra mente di affrontare il presente per ciò che è davvero, senza sovraccaricare la realtà con aspettative, resistenze e pensieri, artefici della nostra sofferenza.

Per meditare non è necessario assumere una posizione predefinita: possiamo praticarla in qualsiasi condizione ed in qualsiasi momento perché si tratta semplicemente di porre l'attenzione sul momento presente. Possiamo praticare la mindfulness anche mentre stiamo lavando i piatti, o quando stiamo affrontando un esame o mentre siamo in ufficio o, ancora, durante un viaggio in treno, ad esempio. Ogni momento in cui avvertiamo il bisogno di fare il punto della situazione e di gestire lo stress, è propizio.

Il modo più semplice per chi non si è mai avvicinato a questa pratica è concentrarsi sul proprio respiro, uno strumento che abbiamo sempre a portata di mano e che possiamo controllare. Proviamo a pensare a quanto ci fa sentire meglio quel respiro profondo che facciamo quando dobbiamo affrontare una situazione difficile, oppure a quando andiamo in apnea inconsapevolmente perché qualcuno ci sta comunicando una brutta notizia e, d'un tratto, smettiamo di respirare.

Concentriamoci sull'aria che entra dalle nostre narici, gonfia il nostro petto e poi esce, sgonfiandolo. Mentre respiriamo, *inevitabilmente* la nostra mente divagherà, i pensieri si faranno strada per cercare di avere un dialogo con noi, non possiamo evitarlo, ma quello che possiamo (e dobbiamo!) fare è non interagire con loro ma limitarci ad osservarli. Non commentando i pensieri, questi si dissolveranno da soli, all'improvviso, così come si sono palesati nella nostra mente. Un altro modo per distrarci è commentare la nostra pratica, pensare di non fare abbastanza perché continuiamo a notare nuovi pensieri che affiorano nella nostra mente. Con amore e gentilezza, dobbiamo riportare la concentrazione al nostro respiro e ripetere l'operazione ogni volta che sarà necessario. Rendersi conto della mente che si distrae è già un grande passo avanti.

Quando è la prima volta che ci approcciamo alla mindfulness, abbiamo bisogno di porre più attenzione all'attività perché essendo nuova per noi, faremo più fatica. La costanza è la chiave di riuscita: anche solo due minuti al giorno sono perfetti per iniziare. Possiamo sederci a terra a gambe incrociate o su un cuscino o stare seduti su una sedia appoggiando i piedi a terra e iniziare a respirare.

L'attenzione al respiro è ciò che ci farà avvicinare alla consapevolezza. Respiriamo regolarmente, senza modificare il nostro ritmo e cerchiamo di non commentare i pensieri che si presenteranno nella nostra mente. Se notiamo che la nostra attenzione vaga, riportiamola al presente e al nostro respiro, con gentilezza.

Una volta che abbiamo imparato a concentrarci sul nostro respiro, possiamo passare ad un altro esercizio che ha bisogno di più attenzione per non rischiare di addormentarsi: il body scan. La scannerizzazione del corpo può servire per conciliare il sonno, è vero, ma il nostro obiettivo è quello di sviluppare l'autoconsapevolezza.

In questo esercizio, l'attenzione si posa delicatamente e con estrema precisione in ogni parte del nostro corpo, partendo dalle dita dei piedi e risalendo fino al nostro capo. Questa tecnica segue le orme dello yoga *nidra*, basato su quel momento di estremo rilassamento paragonabile all'istante che precede l'addormentamento. Nello yoga nidra, infatti, il corpo vive una situazione di quiete profonda mentre la mente è vigile, concentrata sull'introspezione.

Oltre a potenziare la nostra consapevolezza, praticare il body scan allena il nostro corpo e la nostra mente a rilassarsi completamente, rigenerando anche le nostre energie mentali ed emotive.

Praticando costantemente la mindfulness impareremo a non giudicare ogni aspetto della vita quotidiana come siamo abituati a fare, soprattutto per quanto concerne gli ostacoli o gli imprevisti che incontreremo: le sensazioni negative lasceranno spazio all'accettazione e alla capacità di rispondere alle difficoltà in un modo adeguato, privo di impulsività e di rabbia. Tutto questo accadrà perché la nostra mente subirà un cambiamento e l'istinto sarà quello di agire con gentilezza, con determinazione, riuscendo a tollerare e non arrendendosi passivamente allo stress.

Altri consigli per allenare l'autoconsapevolezza sono i seguenti:

Abbracciare il dolce far niente – possiamo ritagliarci

una giornata libera da impegni senza sentirci in colpa per questo. Tutti noi abbiamo bisogno di concederci del tempo da dedicare solo ed esclusivamente a noi stessi, per riconnetterci con la nostra interiorità e facendo quello che più ci piace o semplicemente rilassandoci.

Imparare a conoscere uno stato d'animo – quando percepiamo uno stato d'animo negativo come la tristezza o la rabbia, cerchiamo di concentrarci su quello che proviamo: come ci sentiamo? Che cosa ha dato il via alla nostra reazione? Come possiamo tornare a stare bene o, perlomeno, in uno stato neutrale?

Eliminare il sottofondo – la TV a cena, la musica di accompagnamento, la suoneria del cellulare attiva sono tutte pratiche che ci disconnettono dal mondo circostante. Impegniamoci a spegnere il brusio costante e che troviamo rassicurante e concentriamoci su ciò che conta davvero, come una vera conversazione fatta di sguardi, sorrisi e senza telefoni tra i piedi mentre ceniamo.

Esperimento dei cinque oggetti – quando viviamo una situazione di ansia o di stress, cerchiamo con gli occhi le prime cinque cose che attirano la nostra attenzione e osserviamole, domandandoci quale sia il loro scopo. In seguito, possiamo ripetere lo stesso esercizio relativamente ai suoni e alle sensazioni che stiamo vivendo.

W la banalità – cerchiamo di trovare sempre il lato positivo anche in una situazione noiosa o che ci irrita, in modo tale da aumentare le sfaccettature della nostra esperienza. Mentre stiamo facendo le pulizie, ad esempio, possiamo concentrarci sulla sensazione di appagamento che avremo in seguito e non solo sulla rimozione dello sporco.

Tenere un diario – questo non significa scrivere pagine e pagine ogni sera prima di andare a dormire, ma semplicemente annotare il nostro stato d'animo e almeno cinque cose accadute durante la giornata per cui siamo grati. All'inizio sarà faticoso, è vero, ma questo esercizio riuscirà ad aguzzare la nostra capacità di osservazione, oltre alla consapevolezza.

Proviamo a fermarci un attimo e a pensare a quante volte riusciamo ad assaporare *davvero* ciò che stiamo facendo. Poche, vero? Persino durante una passeggiata al mare o in montagna non riusciamo a goderci il paesaggio perché vogliamo arrivare alla meta finale. O quante volte siamo presi dall'ansia di arrivare in ritardo ad un appuntamento e non riusciamo a scorgere i sorrisi dei passanti, o l'architettura della nostra città, o ancora un bambino che punta i piedi cercando di attirare l'attenzione.

La consapevolezza è un sentiero che impariamo a percorrere solo quando ci rendiamo conto di piazzare al meglio i nostri passi, nonostante il terreno impervio. La consapevolezza è onnipresente, c'è sempre, e anche quando siamo talmente concentrati a fare qualcosa (a leggere, a scrivere, a dipingere...), ad un certo punto, ci riporta al presente.

Capitolo 4
CONTROLLO EMOTIVO

Dopo aver imparato ad essere consapevoli delle nostre emozioni, il passo successivo è quello di controllarle. Saper gestire le nostre emozioni è sempre stata la chiave del benessere psicologico, fin dall'antichità classica. *Saggio è colui che non agisce né risponde prima di aver riflettuto*: per diventare più saggi, dobbiamo liberarci dei nostri sentimenti e impiegare il nostro tempo a riflettere su quello che ci capita, incanalando le nostre emozioni nella giusta direzione.

Per come sono strutturate le nostre connessioni cerebrali, non abbiamo modo di controllare né il momento né quale emozione percepiremo, tuttavia possiamo agire sulla sua durata. Una strategia efficace per gestire la collera può essere quella di isolarci e di lasciare estinguere l'emozione, oppure praticare delle tecniche di rilassamento concentrate sull'autoconsapevolezza; oppure possiamo liberare la mente socializzando e mettendo in discussione quei pensieri che generano un'emozione negativa come può essere la malinconia.

Il controllo emotivo è dato dalla capacità di tenere a

freno i nostri impulsi: una persona carente di autocontrollo non è capace di tenere a freno la lingua in determinate situazioni, è una persona schietta a livelli drammatici nel senso più dispregiativo del termine, in quanto dice tutto ciò che gli passa per la testa senza alcun filtro.

Ecco: avere il controllo emotivo significa applicare proprio un filtro alle parole che scegliamo di usare quando un amico si trova in difficoltà e decide di trovare rifugio in noi, significa riuscire ad entrare in connessione con l'altro senza per questo risultare falsi, significa riuscire a trattenere le lacrime nei momenti di tensione e di nervosismo per poi sfogarci in un secondo momento.

Una persona impulsiva e che agisce d'istinto è esattamente l'opposto di qualcuno capace di riflettere prima di agire o di parlare a sproposito.

La *riflessione* è proprio l'abilità che dobbiamo sviluppare per imparare a controllare le nostre emozioni. Diventare più riflessivi ci permetterà di avere più consapevolezza dei nostri sentimenti e di non farci influenzare da essi in modo negativo. È la nostra ragione che deve prendere il sopravvento per evitare spiacevoli conseguenze, non la nostra pancia come si suol dire.

Questa abilità va bilanciata, come ogni cosa: riflettere troppo prima di agire potrebbe anestetizzare le nostre emozioni, facendoci diventare apatici e reprimendole; mentre riflettere troppo poco potrebbe mettere a rischio i nostri affetti più cari o addirittura il nostro lavoro quando, ad esempio, non riusciamo ad evitare di inveire contro il nostro capo.

Dire la nostra opinione quando richiesta non è sbagliato, così come agire d'impulso in una situazione di emergenza: le emozioni sono energia pura e la saggezza consiste nel trovare un modo per saperla incanalare a nostro favore e non farci diventare delle vittime.

Saper controllare le nostre emozioni ci permette di prendere delle decisioni migliori e di allenare la nostra resilienza, agendo mantenendo la nostra integrità.

Come regolare le nostre emozioni?

La pratica mindfulness aiuta a farci vivere il momento presente appieno e a prendere coscienza dei momenti in cui ci distraiamo, aumentando la nostra capacità di concentrazione. Meditare non significa liberare la mente e non pensare a nulla: lo scopo è quello di osservare i nostri pensieri e di accettarli, senza interagire con loro. Come ben sappiamo, le emozioni sono strettamente collegate ai nostri pensieri: con la meditazione alleniamo la nostra consapevolezza e riportiamo l'attenzione al respiro quando ci accorgiamo di aver lasciato vagare la mente. Allo stesso modo, quando ci rendiamo conto di stare per esplodere e perdere le staffe, possiamo fare un respiro profondo, contare fino a dieci, far passare pochi secondi di calma per riprendere il totale controllo di noi stessi.

Imparando a controllare le nostre emozioni, avremo modo di gestire lo stress che caratterizza le nostre giornate. Esistono due tipologie di stress: quello positivo che ci motiva a migliorare e a fare di più che, però, a lungo andare diventa negativo perché vivere costantemente in allerta non equivale a vivere in modo sano. Per ridurre il nervosismo legato allo stress, dobbiamo evitare di bere troppe bevande contenenti caffeina o eccitanti e dobbiamo imparare a prenderci una pausa, rinfrescandoci il volto o facendo una passeggiata nella natura.

Esistono varie tipologie di meditazione e quella camminata è un esempio che possiamo seguire. La meditazione camminata o *walking meditation* coltiva la consapevolezza del respiro e pone l'accento su tutte le sensazioni che proviamo mentre camminiamo, che solitamente sfuggono alla nostra attenzione. Un passo alla volta, la nostra attenzione si ferma proprio sull'atto di camminare, ancora di più se lo facciamo a piedi nudi.

Ogni giorno camminiamo di fretta, mai scalzi e con l'unico obiettivo di raggiungere una meta: con la meditazione camminata, impariamo a raggiungere una nuova consapevolezza che include il nostro peso, l'equilibrio, il nostro movimento nello spazio ed il contatto con il suolo.

Questa attività è particolarmente consigliata a chi ha difficoltà a mantenere una postura corretta o a chi non riesce a stare fermo un secondo o, ancora, per chi trova scomode le posizioni della meditazione classica, dal fiore di loto allo stare seduti a gambe incrociate.

La meditazione camminata non è solo una passeggiata senza pensieri: si tratta di una vera e propria forma di meditazione che ha origini antichissime e che pone l'attenzione sui movimenti, non sul respiro. Praticandola costantemente, riusciremo a sviluppare la consapevolezza del movimento che ci aiuterà ad ancorarci al presente, aumenterà la nostra capacità di concentrazione e ci farà ritrovare il buonumore.

Non si tratta di nulla di complicato, ma non dobbiamo sminuirla in quanto richiede un minimo di attenzione: basandoci sul nostro passo che può essere naturalmente più veloce o più lento, cerchiamo di rallentare un minimo. Questo non significa camminare in slow motion, bensì cercare di prenderci il tempo necessario per avvertire tutto ciò che succede nell'ambiente circostante.

Ad ogni passo, drizziamo le antenne e proviamo a captare le sensazioni che, normalmente, passano inosservate – in che modo si appoggia prima il tallone e poi l'intera pianta del piede, quanto peso scarichiamo sopra, e via dicendo. Con la pratica riusciremo a praticare la meditazione camminata in maniera automatica e riusciremo a percepire i benefici di questa pratica, sia a livello mentale che fisico.

Durante la camminata, i pensieri si paleseranno nella nostra mente ininterrottamente: come nella meditazione classica, ricordiamo di limitarci ad osservarli senza giudicarli e impariamo ad accettarli, così da avere il controllo su di loro. Appena ci rendiamo conto di divagare, riportiamo l'attenzione sul movimento che stiamo facendo, con gentilezza.

La parte bella della meditazione è che è impossibile sbagliare: ognuno di noi deve fare quello che si sente di fare, ad esempio possiamo unire altre tecniche alla walking meditation, come la respirazione o la pratica della gratitudine.

Passo dopo passo, cerchiamo di unire l'attenzione al movimento e alle sensazioni legate ad esso alla *respirazione diaframmatica*. La respirazione ci aiuterà a liberare sia i pensieri dalla mente sia le tossine dal nostro organismo. Capire come respirare con il diaframma è lampante da sdraiati, appoggiando le mani sull'addome e facendolo gonfiare. Non si tratta di respirare dal petto, ma dal diaframma. In ogni caso, quando capiamo come fare, possiamo ripetere il gesto anche durante la meditazione camminata, inspirando l'aria dal naso facendo gonfiare il nostro addome per poi trattenere il fiato e liberarlo dalla bocca.

La meditazione camminata, in un certo senso, aiuta a sviluppare la gratitudine perché ci fa vivere appieno l'ambiente in cui ci troviamo: l'aria fresca, il cielo limpido, l'odore delle foglie... elementi che, solitamente, passano in secondo piano quando in realtà meritano di essere i protagonisti delle nostre giornate.

Essere in grado di gestire le emozioni è una delle competenze più rilevanti da acquisire nel corso della vita perché abbiamo modo di districarci da quelle forze interne che, altrimenti, ci travolgerebbero.

Gli errori che solitamente compiamo quando ci imbattiamo in un'emozione negativa sono tre: evitarla, opporre resistenza ed identificarci con essa.

Quando proviamo un'emozione sgradevole, l'azione più naturale che ci viene da fare è quella di evitare la situazione o la persona che la provoca. Purtroppo, questo modo di fare è controproducente perché, oltre che limitare la nostra vita, aumenterà l'intensità di quello stato emotivo. Il secondo errore che tutti attuiamo è quello di negare l'esperienza emotiva, ignorandola. Dobbiamo sapere, infatti, che tutto ciò che non affrontiamo si annida da qualche parte dentro di noi per poi esplodere da un momento all'altro, come una granata. L'ultimo errore è non saper distinguere la differenza tra la frase: *"sono impaurito"* e *"sto provando rabbia in questo momento"*. Le emozioni sono qualcosa che proviamo, non qualcosa che siamo. Fare questa distinzione ci permette di distaccarci dalla situazione e di avere una visione più obiettiva nei confronti dell'emozione stessa.

Per dissolvere un'emozione negativa, possiamo *girare la ruota* ovvero mettere in atto una tecnica ideata dallo psicologo Richard Bandler, fondatore della PNL (Programmazione Neuro-Linguistica). Alcuni appena sentono la parola PNL inorridiscono, ma si tratta semplicemente di un esercizio di visualizzazione che può davvero aiutarci ad eliminare un'emozione che tendiamo a reprimere o che ignoriamo. Diamole una chance!

Innanzitutto, dobbiamo localizzare l'emozione all'interno del nostro corpo: dove la sentiamo? Potremmo avvertire l'origine nel petto e poi sentirla scendere verso il basso, oppure potremmo sentirla spostarsi dalla fronte verso le spalle. Come abbiamo detto, l'emozione è *energia in movimento* e per questo le sensazioni che proviamo iniziano in un punto e si spostano. Cerchiamo di notare la direzione che prende questa sensazione ed estraiamola con la forza dell'immaginazione: visualizziamola come una ruota che gira di fronte a noi. A questo punto, pensiamo al colore che riteniamo più rilassante per noi e attribuiamolo a questa ruota, invertendo la direzione del suo moto riportiamola nel nostro corpo. Mentre continuiamo a ruotare, possiamo notare come una sensazione di relax si diffonde e si propaga in tutto il nostro organismo.

Le emozioni sono la forza interna più grande che abbiamo a disposizione e che ci permette di distinguerci dai macchinari e dai robot. Grazie alle emozioni possiamo amare, sognare e sperare, ma possiamo anche provare sensazioni estremamente negative che dobbiamo imparare a controllare. Chi non controlla le proprie emozioni, automaticamente è controllato da esse con tutte le conseguenze (negative) del caso.

Capitolo 5
AUTOMOTIVAZIONE

Una delle caratteristiche dell'intelligenza emotiva è il desiderio di raggiungere gli obiettivi che ci prefiggiamo. Questo desiderio intrinseco può essere definito come la *motivazione* che ci spinge a portare a compimento un obiettivo ed è più forte tanto più ci sentiamo parte di qualcosa di più grande di noi.

Quante volte ci è capitato di non avere la forza di alzarci dal letto perché si prospettava una giornatina non proprio piacevole (forse dobbiamo affrontare un compito che rimandiamo da tempo, o sappiamo che il nostro capo ci deve parlare, eccetera) o, magari, perché le giornate non hanno nulla di interessante da proporci? Il problema non sono le giornate poco interessanti, ma siamo noi che le abbiamo rese tali. Il motivo che sta alla base del fare fatica ad alzarsi dal letto è dato dal fatto che sappiamo perfettamente che nelle ore successive non avremo modo di sfruttare appieno le nostre competenze o, al contrario, quello che ci aspetta richiede più competenze di quelle che abbiamo da offrire. Quando sappiamo di sfruttare tutte le nostre capacità e la giornata si prospetta sfidante al punto giusto, scattiamo in piedi come una molla e procediamo con entusiasmo, ci rechiamo al lavoro felici. Durante quelle giornate, i nostri obiettivi sono ben chiari e la nostra attenzione è totalmente concentrata su quello a cui ci stiamo dedicando. La domanda è: come fare ad avere giornate sempre così?

Semplicemente, *hackerandole*.

Mi spiego meglio. Abbiamo bisogno di raggiungere lo stato di flow per mantenere viva la nostra motivazione, e riconosciamo quello stato quando non ci rendiamo conto dello scorrere del tempo. Può capitare quando leggiamo un romanzo avvincente, o quando ci perdiamo via a scrivere o, ancora, quando siamo immersi totalmente nel nostro hobby. Ecco, quello è lo stato di flow e, per raggiungerlo, abbiamo bisogno di equilibrare competenze e sfide.

Quando le attività che ci attendono nel corso della giornata richiedono poco sforzo mentale, diventiamo apatici, è automatico, ma quando esse si fanno più impegnative, tenderemo ad essere ansiosi e preoccupati. In tal caso, avremo bisogno di acquisire nuove competenze e di crescere dal punto di vista personale. Allo stesso modo, quando un'attività richiede tutte le nostre competenze ma non la reputiamo abbastanza sfidante, ci annoiamo e ci rilassiamo.

Per entrare sempre nel flow, esistono due modi:
- Apprendere nuove competenze, quando le nostre non sono sufficienti e le attività che si prospettano

durante la giornata ci mettono ansia;
- Alzare l'asticella, quando le attività non sono abbastanza sfidanti.

Fermiamoci un attimo e domandiamoci che cosa possiamo fare per alzare l'asticella o per apprendere nuove abilità nel corso della giornata: tutto questo sicuramente ci farà tornare la voglia di alzarci dal letto al mattino. L'ideale sarebbe curare i nostri progetti personali durante le prime ore del giorno, magari impostando la sveglia un'ora prima rispetto al solito per dedicarci alla meditazione, alla lettura, alla scrittura e a progettare la giornata... per dedicarci a noi stessi, insomma.

L'automotivazione, quindi, ci permette di mettere in gioco le nostre risorse cognitive, comportamentali ed emotive al fine di portare a termine gli obiettivi che ci prefiggiamo, di controllare i nostri impulsi, di gestire i nostri stati d'animo così da non ostacolare lo scorrere dei pensieri, di provare e riprovare nonostante gli insuccessi. Per fare tutto ciò, l'automotivazione lavora sull'energia, in quanto la incanala verso un fine produttivo ed è influenzata dalle convinzioni che abbiamo dentro di noi, dalle nostre abilità, dalle aspettative e dai sentimenti positivi o negativi che derivano dalla nostra autovalutazione.

La nostra motivazione viene influenzata dall'autoefficacia, dalla nostra autostima e da quanto ci crediamo o, per usare un inglesismo, dalla nostra *self-confidence*. Quando viviamo con entusiasmo e otteniamo un successo dopo l'altro, si innesca un circolo virtuoso che ci motiva e ci dà energia. Al contrario, quando viviamo emozioni negative quali rabbia, ansia e paura, otteniamo una collezione di insuccessi e di sconfitte ravvicinate che ci demotiva e ci leva l'energia.

Perché è importante sviluppare l'automotivazione?

Come abbiamo constatato, si tratta di un'abilità utile per migliorare noi stessi e per svegliarci al mattino con energia, inoltre ci permette di padroneggiare il nostro potenziale d'azione con efficacia, consentendoci di attivare le migliori scelte possibili. La serie di successi che raggiungeremo, oltretutto, alimenterà il pensiero positivo.

Per riassumere e schematizzare, l'automotivazione è un'abilità da sviluppare per le seguenti ragioni:

- Sviluppa costantemente tutte le competenze soft
- Ci permette di raggiungere obiettivi e di ottenere risultati impegnativi
- Mantiene l'impegno personale adeguato alle situazioni (anche a quelle più problematiche)
- Ci consente di rispondere alle nostre aspettative e a quelle altrui
- Ci rende proattivi e ci permette di fronteggiare problemi ed imprevisti
- Sviluppa la forza di volontà e la perseveranza

Esistono due tipologie di motivazione: una è momentanea e corrisponde al momento in cui si accende la lampadina nella nostra mente come nei cartoons e, improvvisamente, abbiamo voglia di iniziare un nuovo hobby o un nuovo progetto, mentre l'altra è più autentica ed è quella che ci permetterà di fare scorta di energia all'infinito. Per trovare una motivazione di questo tipo, che duri nel tempo, dobbiamo puntare in alto e avere scopi nobili, così da vivere in modo appagante.

Come fare per mantenere viva la nostra motivazione?

Possiamo avere tutte le ragioni del mondo dalla nostra parte ma, ad un certo punto, la motivazione calerà: succede sempre. Anche quando decidiamo di andare a correre per tre volte a settimana, arriverà quel giorno in cui ci siamo svegliati male o vogliamo fare tutt'altro e la motivazione che ci ha permesso di mantenere questa abitudine, d'un tratto, si fa da parte. Tutto accade nella nostra mente e dobbiamo fare in modo di influenzare i nostri pensieri che la governano.

Per farlo, possiamo ricercare lo stato di flow in ogni attività che svolgiamo. Lo stato di flow è quello stato in cui siamo talmente concentrati a fare quello che stiamo facendo che non ci rendiamo conto del tempo che passa. Questo avviene quando alziamo l'asticella e rendiamo l'obiettivo più difficile da raggiungere e coinvolgiamo più competenze allo stesso tempo. Un piccolo trucco per mantenere alta la motivazione è tracciare i nostri risultati, in quanto solo tracciare la progressione ci fa entrare nel mood giusto. Abbiamo modo di tenere conto dei progressi fatti solo se li abbiamo sottomano visivamente: anche se, in cuor nostro, sappiamo di essere andati a correre o di aver mangiato in modo sano per sei giorni di fila, se non ne teniamo traccia per la nostra mente sarà come non averlo fatto.

Possiamo utilizzare un calendario o un foglio Excel e semplicemente colorare le caselle di verde quando portiamo a termine una determinata attività, di giallo se non l'abbiamo svolta al massimo delle nostre capacità e di rosso se l'abbiamo proprio saltata. Questo meccanismo viene chiamato *habit tracker* e ci spinge all'azione perché l'ultima cosa che vorremmo fare sarà colorare la casellina di rosso (vero?). Si tratta di un metodo molto efficace per mantenere viva la nostra motivazione ogni giorno.

Un altro modo per farlo consiste nell'utilizzare le to-do list, ovvero le liste di cose da fare che spunteremo a mano a mano. Il meccanismo è pressoché lo stesso: l'azione di spuntare la casellina rilascia dopamina, l'ormone della soddisfazione.

Per sviluppare l'automotivazione, dobbiamo orientare i nostri sforzi verso quelle attività che riteniamo possano essere utili per raggiungere determinati risultati, imparando, quindi, a fare una stima circa le probabilità di realizzazione di un certo evento. Riuscire ad attribuire un giudizio obiettivo riguardo all'efficacia di queste performance, oltretutto, è un altro punto a nostro favore.

I passi da compiere per sviluppare queste abilità sono

i seguenti:
- Analizzare le performance di successo passate, valutando gli eventuali errori commessi e le cause che hanno generato tali errori;
- Apprendere i comportamenti di successo adottati da altre persone in situazioni analoghe e che hanno condotto a risultati positivi, utilizzando le risorse che risultano più opportune: libri, biografie, documentari...
- Sviluppare una certa padronanza dei nostri desideri e dei nostri bisogni: che significa sapersi fermare un attimo ed analizzare che cosa vogliamo fare davvero della nostra vita, non fare qualcosa perché lo vuole qualcun altro;
- Pianificare obiettivi chiari e raggiungibili: nel caso in cui l'obiettivo che ci poniamo risultasse troppo ambizioso, potrebbe spaventarci. Per renderlo più fattibile possiamo dividerlo in piccole task e premiarci un minimo ogni volta che raggiungiamo un mini-traguardo – è pur sempre un traguardo, no?
- Conoscere i nostri meccanismi di attivazione emozionali e psico-fisiologici

Un ingrediente fondamentale per mantenere viva l'automotivazione è *l'ambizione*, ovvero la volontà di ottenere una migliore condizione personale, affettiva, sociale, professionale, relazionale. Il grado di miglioramento lo decidiamo noi, basta che sia equilibrato e sano.

Ognuno di noi vive in base a determinati parametri personali che può impostare come meglio crede: cerchiamo di andare oltre ciò che appare come "socialmente adeguato o accettato" perché questa visione potrebbe essere fuori portata per noi. Inseguire un ideale sovradimensionato ha un effetto boomerang perché ci farà fallire, senza alcun dubbio.

In conclusione, per garantire che la riserva di motivazione non si esaurisca facilmente, abbiamo bisogno di una strategia, un piano chiaro e articolato, formato da obiettivi stimolanti, ambiziosi e raggiungibili con scadenze previste. Per condire il tutto abbiamo bisogno di perseveranza, pazienza e molta calma, doti che, spesso, sottovalutiamo.

Capitolo 6
EMPATIA

L'empatia è quella capacità che ci permette di indossare i panni dell'altra persona, di spostare il nostro punto di vista immedesimandoci in una determinata situazione e leggere i sentimenti altrui. Questa abilità si basa sul saper cogliere ed interpretare i messaggi non verbali, in quanto molto raramente le emozioni vengono verbalizzate, in generale.

Il vantaggio di questa capacità è palese: riuscire a comprendere *come si sente* l'altro e regolarci di conseguenza. C'è un rischio, però.

Immedesimarsi troppo in una situazione potrebbe essere deleterio perché vorrebbe dire farsi carico delle emozioni negative dell'altra persona, le quali si sommano alle nostre. Per questo, dobbiamo imparare a proteggerci e limitarci a comprendere semplicemente il punto di vista dell'altra persona e le sue sensazioni, senza provare sofferenza.

Scientificamente parlando, è stato scoperto che ogni essere umano riesce a connettersi con chi lo circonda già dal quarto mese di vita: il bimbo nel pancione della mamma riesce a percepire i suoi stati d'animo e le emozioni che prova grazie all'attivazione dei *neuroni specchio*. I neuroni specchio sono stati scoperti nell'Università di Parma dal Dr Rizzolatti e si attivano sia quando compiamo un'azione, sia quando la vediamo compiere. Di conseguenza il bambino, semplicemente osservando, plasma il suo modo di essere, la sua autonomia e il modo che avrà di stare con sé stesso.

I bambini provano sentimenti empatici prima ancora di essere consapevoli della propria esistenza: la sintonizzazione è essenziale non solo nel rapporto con i genitori, ma anche con le altre persone perché costituirà la base di formazione di relazioni intime future.

Va da sé che l'empatia sia ritenuta un fattore cruciale nella crescita di una persona, a tal punto da essere diventata una materia scolastica in Danimarca. Grazie all'insegnamento di questa materia, molti insegnanti hanno dovuto diventare empatici nei confronti degli studenti e anche i rapporti tra gli alunni si sono appianati, in quanto gli episodi di bullismo sono calati notevolmente. L'empatia è così forte da riuscire a dare vita ad una vera e propria trasformazione sociale: in sociologia, infatti, viene considerata al pari di uno strumento capace di migliorare la vita di chi ci circonda.

L'empatia è formata da due componenti: quella emotiva e quella cognitiva. La componente emotiva ci fa comprendere le emozioni altrui tramite messaggi non verbali, mentre quella cognitiva ci fa intendere al meglio il punto di vista della persona che ci sta parlando, ci fa analizzare i suoi ragionamenti e ci fa prevedere le sue reazioni. Quest'ultima risulta senza alcun dubbio la più utile durante le discussioni.

Crescendo, possiamo diventare più empatici o imparare a ridurre l'empatia, se si tratta di un fattore negativo per noi. Il nostro passato incide sul livello di empatia che abbiamo maturato: è chiaro che dei genitori troppo ansiosi e che hanno fatto di tutto per prevenire i problemi che avremmo dovuto affrontare ci abbiano forgiato in un modo totalmente diverso rispetto a qualcuno più autoritario che ci ha reso sì persone indipendenti, ma poco empatiche. La buona notizia è che possiamo ricalibrare la nostra empatia.

I maestri dell'empatia sono sicuramente gli attori: per loro, infatti, è fondamentale sviluppare questa capacità per interpretare al meglio il loro ruolo. Le scuole di recitazione servono proprio a questo.

Alcuni dicono che l'empatia sia un'abilità innata, un po' come il talento, ma in realtà sono le esperienze che facciamo nel corso della vita che ci forgiano e ci aiutano a svilupparla o a distruggerla totalmente (si tratta di casi limite, come i serial killer o gli psicopatici). Per sviluppare la nostra empatia possiamo prendere spunto dai maestri ed iscriverci ad un corso di recitazione in città – anche quelli amatoriali che lo fanno per passione sono perfetti e gratuiti, oltretutto. Infatti, per citare solo alcuni benefici, un corso di recitazione ci aiuterà ad aumentare la nostra autostima, ci insegnerà a parlare correttamente, ci farà affrontare diverse paure.

Per riequilibrare il nostro livello di empatia, in primis abbiamo bisogno di capire in quale gradino ci posizioniamo nella scala:

- Empatia negativa, tipica delle persone narcisiste incapaci di provare gioia o dolore per gli altri. Questa caratteristica, purtroppo, li rende un fallimento continuo in ambito relazionale, soprattutto se il partner è empatico.
- Empatia positiva, ossia essere capaci di ascoltare e di cogliere le sensazioni che provano le altre persone evitando, però, di partecipare emotivamente in modo tale da rimanere lucidi e poter essere utili.
- Empatia patologica o in eccesso, tipica di chi soffre per un sovraccarico di emozioni.

L'empatia positiva è quella da affinare e che si rivela particolarmente utile in ogni campo della vita, dalla crescita personale a quella lavorativa e affettiva.

Ogni volta che ci rapportiamo alle altre persone con gentilezza e facendole sentire a loro agio, compresi, stiamo sfruttando proprio l'empatia. Grazie a questa capacità, gli altri saranno più propensi a fidarsi di noi.

Esistono, inoltre, tre diverse tipologie di empatia:

- empatia emotiva che ci fa immedesimare nei panni dell'altra persona, per cui ci *sentiamo* come gli altri;
- empatia cognitiva che ci mantiene più a distanza,

nel senso che comprendiamo il motivo per cui l'altra persona si sente in un certo modo e riconosciamo il perché si è manifestato quello stato d'animo;

- compassione che ci fa riconoscere le sofferenze altrui e ci muove qualcosa dentro, per cui sentiamo il bisogno di offrire il nostro aiuto – e perché non fare lo stesso quando ci troviamo con l'acqua alla gola? Questa è l'autocompassione.

La compassione è la tipologia di empatia più utile perché ci permette di sentire *per* anziché *con* e questo ci porta a voler aiutare le altre persone. Per acuminare la nostra intelligenza emotiva, abbiamo bisogno di concentrarci proprio sulla compassione.

Come possiamo dedurre, esiste una corretta empatia e una negativa, esagerata: una persona empatica in senso negativo è la vittima ideale di un manipolatore, ovvero di una persona che sa sfruttare a suo vantaggio le debolezze emotive per un tornaconto personale. Questa tipologia di persona manipolatrice viene chiamata anche *vampiro emotivo*, perché risucchia le emozioni e le energie della sua vittima. Dobbiamo imparare a proteggerci da queste persone che, per fortuna, sono facilmente riconoscibili in quanto non fanno altro che riversare la loro negatività, le lamentele e il loro rancore sugli altri perché vogliono influenzare il loro stato d'animo. Sono quelle persone che, tipicamente, non riescono a gioire dei successi altrui perché sono intrise di invidia e di gelosia.

Per essere persone empatiche nel modo corretto, dobbiamo imparare a gestire i nostri livelli di energia e a veicolare anche i sentimenti negativi, come la rabbia, verso obiettivi costruttivi – ad esempio, entrare in competizione anche solo con noi stessi per raggiungere uno scopo. Inoltre, dobbiamo imparare a mettere dei confini dicendo *sì* solo alle situazioni che ci fanno stare bene e non obbligandoci a partecipare ad un incontro che ci mette a disagio. Essere troppo sensibili significa non avere alcuna protezione nel mondo e questo dato di fatto, oltre che condurci tra le braccia di un manipolatore, ci farà dire sempre di sì a chiunque, a nostro discapito.

Per riassumere, il perfetto identikit della persona empatica è il seguente:

Sa calarsi nei panni dell'altro – il suo cervello è organizzato per connettersi con il suo interlocutore, sa leggere le sue emozioni e le prova sulla sua pelle. Per questo motivo riesce ad identificare chi mente molto facilmente: riesce ad avvertire che qualcosa non va grazie al suo intuito. Per essere empatici non c'è bisogno di avere necessariamente una persona di fronte, anzi, solo una notizia al telegiornale o un film drammatico possono toccare le giuste corde e fare emozionare questa persona. Calarsi nei panni dell'altro sembra un modo per farci assorbire le sensazioni negative più che quelle positive, più che altro perché sono ovunque (in TV, nei social...): dobbiamo imparare a proteggerci. *Come fare?* Circondiamoci di persone positive e che ci diano l'ispirazione, seguendole online o seguendo i loro podcast. Una mentalità più positiva ci permetterà di sfogare tutta l'energia negativa che accumuleremo nel corso della giornata.

È una persona introversa – nella maggioranza dei casi, una persona empatica è anche introversa, quindi non ama i luoghi affollati, non sopporta di uscire in una compagnia piena di gente poco interessante: preferiscono circondarsi di poche persone ma buone. Le persone introverse hanno una sensibilità spiccata perché riescono a notare una sfumatura diversa nella voce di qualcuno che si ostina a dire che "va tutto bene" e preferiscono trascorrere del tempo di qualità in un'atmosfera d'ispirazione piuttosto che respirare negatività – in un gruppo numeroso è statisticamente impossibile non trovare almeno una persona capace solo di lamentarsi e/o di parlare di problemi. Generalmente, questo significa che le persone introverse preferiscono trascorrere del tempo da soli, in quanto hanno bisogno di spazio da dedicare solo a loro stessi per ricaricare le proprie energie.

Attribuisce maggiore profondità ai sentimenti – in una relazione amorosa, una persona empatica sarà quella più coinvolta, in quanto darà il meglio per far sentire il partner appagato. È tutto rosa e fiori fino a che le relazioni giungono al termine: a quel punto, il dolore causato lo fa chiudere a riccio in sé stesso e ci vorrà del tempo prima che possa fidarsi di nuovo di qualcuno.

Ha l'abitudine di fare del bene – una persona empatica farà tutto il possibile per dare una mano, che si tratti di un consiglio, di aiutare qualcuno in senso fisico o di migliorare l'ambiente dando il suo contributo magari raccogliendo i rifiuti in spiaggia o facendo la raccolta differenziata. Si tratta di un animo gentile che trova affinità anche con persone malate e in difficoltà.

Potrebbe cambiare il mondo – una persona che sa ispirare fiducia, sa unire un team per uno scopo comune e riesce a tenere salde le relazioni è sicuramente una persona carismatica, con un grande potenziale energetico ed empatica.

Come sviluppare l'empatia?

Leggere romanzi potrebbe essere la soluzione secondo due psicologi olandesi (Bal e Veltkamp). Eppure, non tutti i romanzi sono adatti a questo scopo: devono essere coinvolgenti al punto giusto, in modo da trascinare il lettore nella storia, la quale deve essere narrata in modo imprevedibile – sono da escludere, quindi, i romanzi di Danielle Steel e di Rosamunde Pilcher, fin troppo scontati.

Imparare ad ascoltare senza giudicare è un altro modo per coltivare l'empatia: si tratta di sapersi mettere da parte quando qualcuno ci racconta una sua esperienza spiacevole. Non dobbiamo imporre il nostro punto di vista ma semplicemente ascoltare attivamente il nostro interlocutore, capire che cosa prova e il motivo per cui si sente in quel modo. Non siamo il centro del mondo, ricordiamolo: ogni volta che qualcuno ci chiede un consiglio è perché vuole sentire la nostra opinione in merito e non la nostra esperienza passata. Il focus del discorso è l'altra persona, non noi.

Un altro modo per sviluppare l'empatia è adottare un cagnolino! Lo so, le attività che vengono in mente di primo acchito sono la meditazione e la gratitudine, ma ne abbiamo già parlato in precedenza (e, per la cronaca, vanno benissimo anche per migliorare l'empatia!). Non è un caso se sono ritenuti i migliori amici dell'uomo: il nostro cane può davvero aiutarci nella nostra crescita personale.

Prima di adottare un cane, ricordiamo che non si tratta di un mero strumento per sviluppare la nostra empatia, non è un giocattolo, bensì una responsabilità e dobbiamo prendercene cura ogni singolo giorno, anche quando abbiamo bisogno di una vacanza e dobbiamo organizzarci in modo tale da poterlo portare con noi o affidarlo a qualcuno che si possa prendere cura di lui.

Molti di noi sono stati così fortunati da essere cresciuti con un cagnolino e, per questo, hanno già acquisito i maggiori benefici che porta questo animale nella nostra vita. Un cane aiuta a sviluppare un senso di educazione profonda in noi perché ha bisogno di regole in merito al cibo – non può mangiare tutto quello che vuole, deve aspettare il suo turno per il cibo e può fare tre pasti al giorno – alla camminata, perché gli dobbiamo insegnare a non fermarsi ogni due per tre per strada, al relazionarsi con altri cani e non aggredirli. Insomma, mentre addestriamo il nostro cagnolino, in realtà, siamo noi ad essere addestrati perché dobbiamo imparare un nuovo modo di fare così da eliminare tutti i disagi che potremmo vivere in prima persona o che potrebbe vivere il nostro animale.

Parlando di empatia, è chiaro che avere a che fare con un cane ogni giorno ci rende in grado di comprendere ciò di cui ha bisogno *senza parlare* e questo ci faciliterà immensamente anche con le persone. Uno sguardo veloce sarà sufficiente per capire che cosa vuole e viceversa: anche i cani hanno un'affinità incredibile con noi, infatti quando siamo tristi ci fornirà il supporto emotivo che solo un amico fedele può donarci.

A differenza di altri animali, il cane ci offre un amore incondizionato perché ci perdonerà sempre e darà tutto sé stesso per renderci felici. Siamo noi che abbiamo molto da imparare dal nostro cane e quel tipo di amore è quello che vale la pena coltivare per valorizzare ogni istante della nostra vita. Questo tipo di amore eleva il nostro spirito, ci porta a donare senza aspettarci nulla in cambio. Si tratta di un gesto che ha origine nel nostro cuore e, di questo, i cani sono i maestri indiscussi.

Come capire di essere empatici?

Basandoci su quanto detto finora, alcune caratteristiche o abitudini delle persone empatiche vi sono risuonate familiari? Di seguito, troverete delle affermazioni o delle domande che vi aiuteranno a capire se siete effettivamente empatici (almeno un minimo!) oppure se avete bisogno di lavorarci su. Iniziamo!

- Capita spesso di commuoverci davanti ad un film drammatico o non ci fa alcun effetto?
- Stiamo così bene da soli che, ogni tanto, abbiamo bisogno di staccare da tutto e da tutti per stare da soli con noi stessi e ricaricare le pile.
- Ci lasciamo trascinare dalle risate di chi ci circonda?
- Ascoltando una persona che ci sta parlando, capita di provare forti emozioni?
- I nostri cari ci cercano sempre per confidarsi o per chiedere una nostra opinione perché si sentono capiti appieno.
- Il nostro sesto senso è così spiccato da farci intercettare immediatamente le bugie?
- Riusciamo ad intuire che qualcosa non va per un dettaglio che passa inosservato agli altri (uno sguardo più spento del solito, la tonalità di voce meno energica...)
- Il difetto che gli altri ci affibbiano è quello di essere persone *troppo buone e sensibili*?
- Amiamo stare a contatto con la natura.
- Ci piace renderci utili dando consigli (se richiesti) ascoltando i racconti dei nostri cari?

- I luoghi affollati e il telegiornale ci fanno sentire particolarmente a disagio.
- Ci piace incontrare nuove persone e chiacchierarci per conoscerle meglio?
- Siamo portati ad aiutare gli altri, non siamo capaci di voltare lo sguardo di fronte a qualcuno in difficoltà.
- Ricordiamo di richiamare un nostro caro per sapere com'è andata una visita medica che lo preoccupava particolarmente?

L'empatia, insieme all'autocontrollo, sono le due capacità emozionali che ci portano al successo in ambito relazionale: solo in questo modo matura la nostra abilità sociale, di cui parleremo nel prossimo capitolo. Infatti, una persona brillante può rivelarsi insensibile e arrogante senza queste abilità.

Capitolo 7
COMPETENZE SOCIALI

Una persona è competente dal punto di vista emozionale quando sa controllare i propri sentimenti, sa interpretare quelli degli altri e agire di conseguenza. Grazie alle nostre competenze sociali possiamo creare e gestire le nostre relazioni. Infatti, è stato dimostrato che un manager di successo è qualcuno capace di influenzare positivamente gli altri: per farlo, deve mostrare compassione per i collaboratori e deve far capire loro che la felicità personale viene prima rispetto agli obiettivi aziendali. Detto in modo brutale, le competenze sociali definiscono la nostra capacità di creare e gestire le relazioni con un preciso scopo.

Ognuno di noi esercita le proprie competenze sociali sulle persone che ha attorno. Pare brutto, è vero, ma è proprio così, ogni nostra relazione ha un fine: con il partner potrebbe essere avere una famiglia insieme, con un amico quello di avere una spalla su cui poggiarsi in caso di difficoltà, eccetera.

La competenza emotiva è, quindi, l'insieme di tutte quelle attività che ci permettono di essere efficaci nelle relazioni e presuppone la conoscenza sia delle proprie emozioni sia di quelle altrui. Sviluppando questo tipo di competenza, miglioriamo automaticamente il nostro problem solving e stimoliamo il pensiero costruttivo: è proprio attraverso l'interazione con le altre persone che apprendiamo come bisogna comportarsi con gli altri.

La struttura della competenza emotiva è formata dalla competenza personale e da quella sociale.

La prima riguarda principalmente noi stessi, quindi la consapevolezza che abbiamo relativamente alle nostre emozioni, al modo in cui incidono sulla nostra prestazione e sulle nostre azioni, la conoscenza dei nostri punti di forza e di debolezza, la flessibilità di gestire il cambiamento e l'atteggiamento pronto ad accogliere nuove idee e a perseguire gli obiettivi, andando oltre gli ostacoli che incontriamo.

La competenza sociale, invece, si riferisce al modo in cui gestiamo le relazioni con gli altri, servendoci dell'empatia (intesa come capacità di ascoltare attivamente e di comprendere i bisogni dell'altro). Questa capacità può essere, a sua volta, riassunta in cinque categorie:

- competenze comunicative
- competenze di leadership
- competenze nella risoluzione dei conflitti
- competenze nella risoluzione dei problemi
- competenze nel prendere decisioni

Competenze comunicative

Le competenze comunicative fanno la differenza anche nel mondo del lavoro, infatti fanno parte delle competenze trasversali richieste nei CV. Queste abilità non possono essere apprese sui banchi di scuola, tuttavia sono imprescindibili perché ci daranno modo di dire la nostra opinione sia al lavoro durante una riunione o durante una discussione con un amico o con il capo.

Di cosa stiamo parlando?

Le competenze comunicative ci permettono di capire quando è il momento giusto per intervenire, di cosa parlare, in che modo e con che tono e quando, invece, è meglio rimanere in silenzio. Dire la nostra opinione non richiesta, infatti, non è una mossa da persone intelligenti emotivamente ma tipica di chi parla a sproposito. Sostanzialmente, si tratta di saper comunicare in modo educato e coinvolgente, ma non solo.

Altre capacità che fanno parte delle competenze comunicative sono le seguenti:

- saper parlare in pubblico: possiamo essere le persone più timide del mondo e, per questo, non mirare ad un lavoro in cui le presentazioni di fronte ad un pubblico sono all'ordine del giorno. Questo, però, non implica evitare di uscire totalmente dalla nostra zona di comfort: parlare in pubblico metterebbe chiunque a disagio, anche se fosse solo una questione di abitudine, ma potrebbe capitare di dover fare un discorso ai nostri cari e, in tal caso, dobbiamo essere capaci di parlare alla nostra stretta cerchia di persone. Possiamo allenarci preparando il discorso guardandoci allo specchio e immaginando di avere di fronte le persone che ci ascolteranno. Preparare il discorso è un modo per abituarci a comunicare con più scioltezza;

- buona capacità di scrittura e padronanza lessico-grammaticale: sia che si tratti di scrivere una mail, o un post sui social o una lettera ad un nostro caro, il minimo indispensabile è saper scrivere. Non sto dicendo che chiunque debba essere in grado di scrivere un libro, assolutamente, ma conoscere le basi della punteggiatura e della grammatica è lo stretto necessario per non far spazientire chi legge il nostro scritto. Possiamo esercitarci scrivendo un diario e leggendo libri, così da espandere anche il nostro vocabolario;

- competenze di linguaggio non verbale: avete presente quella persona che vi fa mille domande su un argomento che vi mette a disagio? Vi ritrovate a braccia incrociate o con lo sguardo sfuggente quando affrontate quell'argomento e, nonostante questo, questa persona si ostina a voler approfondire? Oppure quando qualcuno che vedete tutti i giorni, ma che non è così in confidenza con voi, si prende la libertà di invadere il vostro spazio personale?

Ecco: non conoscere un minimo di linguaggio non verbale porta proprio a queste seccature;

- capacità di ascolto attivo: ogni volta che ci troviamo di fronte una persona che tende ad aprirsi con noi perché le ispiriamo fiducia o la mettiamo a nostro agio facilmente significa che siamo capaci di ascoltarla attivamente, senza limitarci a darle ragione per non creare discussioni futili ma dandole un consiglio (sempre se richiesto);

- capacità di story telling e di sintesi: nessuno vuole sentire un discorso ricco di intercalari quali "cioè", "ehm", "come si dice", eccetera. Nemmeno il vostro migliore amico. Quando vogliamo raccontare un'esperienza che abbiamo vissuto, impariamo a sintetizzare senza perderci in dettagli irrilevanti che non arricchiscono la nostra storia e che non la rendono più avvincente ma, anzi, farà sbadigliare le persone per la noia.

Competenze di leadership

Possiamo essere a capo di un gruppo di lavoro o semplicemente essere la persona che prende le decisioni in casa: in entrambi i casi, le conoscenze tecniche non sono sufficienti per essere un buon leader. Per allenare questa capacità, possiamo seguire i seguenti suggerimenti:

allenare la nostra capacità di ascolto – i migliori comunicatori sono innanzitutto degli ottimi ascoltatori: mostriamoci genuinamente interessati nei confronti della persona che ci sta parlando, dimostriamogli che vogliamo costruire un legame di fiducia ascoltando più di quanto parliamo.

aumentare la nostra consapevolezza – ovvero comprendere quali emozioni stiamo provando e saperle gestire, in modo tale da non avere reazioni spropositate. Oltre che fermarci un attimo per riflettere sulle emozioni che stiamo vivendo in un determinato momento, potrebbe essere utile parlare con qualcuno di esterno alla vicenda, in modo tale da ottenere un punto di vista obiettivo. Assicuriamoci soltanto di avere a che fare con una persona sincera e che non abbia timore di dire la propria opinione.

rispettare la parola data – ossia essere persone affidabili: un leader deve essere capace di portare a termine ciò che dichiara di voler fare, assumendosi la responsabilità delle proprie decisioni e senza trovare capri espiatori.

sviluppare il pensiero creativo – ovvero allenare la nostra capacità di problem solving sfruttando la creatività nella ricerca delle soluzioni. I momenti di crisi, per quanto possano essere spaventosi, sono in realtà un'ottima opportunità di crescita personale: sfruttiamo a nostro vantaggio anche le condizioni più svantaggiose, ponendo l'attenzione su ciò che abbiamo a disposizione piuttosto che su ciò che manca.

Competenze nella risoluzione dei conflitti

La risoluzione dei conflitti è un'abilità che può tornare utile in vari ambiti della nostra vita: si tratta di saper appianare le divergenze tra colleghi al lavoro o direttamente con una persona che non la pensa come noi.

Il nostro modo di porci ha delle conseguenze che possono generare malcontento o benessere in una determinata situazione. Dobbiamo tenere presente, inoltre, che i conflitti non sono tutti uguali, anzi, possiamo dividerli principalmente in costruttivi e distruttivi.

Nel primo caso, il contrasto si focalizza sul contenuto e non sulla persona, che non viene giudicata o criticata per le sue idee. In questo clima siamo aperti al confronto e ad accogliere nuove idee, diverse dalle nostre.

Nel secondo caso, il conflitto distruttivo sposta l'attenzione sulla persona: le idee vengono imposte in modo soggettivo, non vengono accolte quelle degli altri e l'egocentrismo prende il sopravvento. Questa situazione genera un clima spiacevole in ufficio come a casa, e le persone avranno il timore di dire la propria opinione per non essere derisi o aggrediti. In questo caso, chiunque perde interesse a confrontarsi e tende ad isolarsi.

Come gestire i conflitti?

La gestione dei conflitti richiede pazienza e comprensione, doti che possiamo coltivare al pari di ogni capacità. Di seguito, alcuni suggerimenti per farlo:

- troviamo il tempo per ascoltare: ignorare un conflitto tra due persone è deleterio sia per il rapporto interpersonale, sia per l'aria che si respira dopo essere scoppiati in una lite senza risolverla. Saper ascoltare è fondamentale: cerchiamo di fare un respiro profondo e di capire che cos'ha da dire l'altra persona, quali sono le sue motivazioni e non interrompiamo il discorso. Ascoltare e comprendere è il primo passo per la risoluzione di qualsiasi problema.

- manteniamo l'imparzialità: quando stiamo risolvendo un conflitto tra due persone, non possiamo propendere per l'una o l'altra, ma dobbiamo comportarci da mediatori. Non giudichiamo e non critichiamo apertamente: cerchiamo di metterci nei panni di entrambi per capire quali sono i punti di attrito che non riescono a far risolvere il conflitto.

- riflettiamo: mostriamoci gentili ma assertivi, senza imporci. Cerchiamo di far notare che il conflitto non porta a nulla di buono e che non ha alcun senso.

- troviamo un accordo: invece di dare peso ai punti di disaccordo, cerchiamo di arrivare ad una soluzione ponendo l'attenzione sui punti in comune che abbiamo con la persona con la quale stiamo discutendo o tra le due che hanno un conflitto. Trovare un accordo dimostra di essere disponibili a lavorare insieme e non a chiudersi la porta in faccia a vicenda.

Nella gestione dei conflitti in ambiente lavorativo, l'obiettivo non è quello di criticare ma di far capire agli altri che tale comportamento influisce negativamente sul lavoro dei colleghi. I conflitti tra colleghi sono normali, d'altronde non conosciamo a fondo queste persone ma trascorriamo davvero tanto tempo con loro ogni giorno.

Competenze nella risoluzione dei problemi

La risoluzione dei problemi, detto anche *problem solving* in inglese, è una capacità che si può apprendere ponendoci in modo positivo e considerando un problema da risolvere come la prassi e non come un ostacolo invalicabile. Per trovare una soluzione efficace è necessario avere un approccio sistematico ed evitare di agire d'istinto. Possiamo fare una lista di tutte le possibili soluzioni e valutare pro e contro, per poi definire la strategia e metterla in pratica. La strategia chiaramente deve essere modificabile, non è incisa nella pietra: a mano a mano che affrontiamo il problema, possiamo aggiustare la mira.

I problemi non sono tutti uguali: alcuni sono più seri,

altri sono solo momentanei ma, inevitabilmente, li dobbiamo affrontare nella nostra quotidianità. A volte riguardano gli aspetti cognitivi (uno studente che deve prepararsi per un esame), altre volte riguardano la sfera relazionale o ancora esistenziale, come può essere la scelta del lavoro o la decisione di trasferirsi in un altro Paese. Aumentando la capacità di problem solving, abbiamo modo di affrontare egregiamente ogni situazione in qualsiasi contesto della nostra vita.

Essere convinti che non esistano soluzioni al problema e agire solo impulsivamente di fronte alle difficoltà sono due fattori che ci ostacolano ulteriormente. Gli ingredienti fondamentali per il problem solving, invece, sono una forte dose di autostima e di autoefficacia ed una buona gestione delle emozioni.

Per sviluppare questa abilità, abbiamo bisogno di individuare la situazione problematica, ascoltando le nostre emozioni per poi fare un'analisi più razionale che ci permetterà di osservare i dati, studiare l'andamento del mercato per renderci conto che *effettivamente* un problema c'è e va risolto. Ignorarlo non porta a nulla, se non a ingigantire il suo impatto. Questa prima fase richiede un certo spirito di osservazione.

Una volta che abbiamo individuato qual è il problema da risolvere, dobbiamo definirlo concentrandoci sugli obiettivi che vogliamo raggiungere e su ciò che ne ostacola il raggiungimento. Si tratta di uno step cruciale che, spesso viene sottovalutato. Quando si dà per scontato il problema, tendiamo a scegliere la prima soluzione che viene in mente, spesso impulsiva, e perdiamo di vista il reale problema. Per non confondere l'ostacolo con l'obiettivo, cerchiamo di cambiare le parole e di esprimere il problema in un altro modo, mettiamo in discussione le varie ipotesi e ampliamo le nostre prospettive: ogni problema fa parte di qualcosa di più grande. Durante questa fase si tratta di saper analizzare il problema per poterlo definire.

La terza fase consiste nello scomporre il problema in piccoli step e richiede un certo livello di logica: possiamo sviluppare un quadro generale e completo di tutte le cause più probabili e raccogliere i relativi dati per definire la loro importanza.

Finalmente arriviamo alla fase di problem solving, caratterizzata dall'individuazione delle cause e delle possibili risposte: questo step richiede un'abilità creativa. I nostri schemi mentali, purtroppo, non ci permettono di avere una visione chiara di tutte le alternative perché sono radicati profondamente dentro di noi. Pertanto, per arrivare ad una soluzione idonea al problema, abbiamo bisogno di cambiare la nostra prospettiva. La nostra mente deve essere lasciata libera di vagare e di esprimere la propria creatività, collegando elementi lontani a prima vista e formulando ipotesi che escluderemo perché poco realistiche. Per fare tutto ciò, possiamo andare a tentativi ma questa soluzione a volte non è praticabile perché potrebbe risultare onerosa; possiamo fare *brainstorming* e generare più soluzioni possibili, anche le più assurde, senza tenere in considerazione la loro buona o cattiva riuscita; creare un *mindmapping*, scegliendo una parola chiave e associando più idee possibili ad essa.

Una volta che abbiamo tutte le nostre idee sulla lavagna, possiamo passare alla fase successiva che consiste nel prendere la giusta decisione, basandoci sulla nostra abilità critica. Per farlo, abbiamo bisogno di fare un'analisi SWOT, quindi analizzare i punti di forza (Strenghts), di debolezza (Weaknesses), le Opportunità e i problemi (Threats) che la scelta potrebbe generare.

Infine, passiamo alla pratica con il decision taking che renderà operativo il progetto e ci permetterà di eseguire una valutazione empirica sulla sua efficacia. Questo significa che potremmo aver bisogno di apportare modifiche al nostro piano d'azione. Come fare? Bisogna prevedere ed identificare gli imprevisti prima dell'implementazione, riallineare ed effettuare correzioni per poi imparare dagli errori e migliorare le nostre prestazioni future.

Il problem solving è un'arte che si impara solo facendo tanta pratica!

Competenze nel prendere decisioni

La capacità di saper prendere delle buone decisioni è fondamentale in ogni aspetto della nostra vita: dalla scelta di frequentare o meno l'università alla scelta della carriera da intraprendere, dallo sport che vogliamo imparare alla casa in cui vorremmo trasferirci. Non possiamo permetterci il lusso di fare delle scelte sbagliate e, proprio per questo motivo, il *decision making* ci corre in aiuto.

Questa capacità è utile in quelle professioni in cui le scelte hanno un peso considerevole, ad esempio nell'ambito sanitario o in particolar modo per manager e dirigenti, ma possiamo applicarlo anche alla vita di tutti i giorni senza dover necessariamente volgere lo sguardo alla carriera. Ad esempio, semplicemente quando decidiamo in quale supermercato faremo la spesa perché questa scelta influenzerà l'economia domestica e l'alimentazione di tutta la famiglia.

L'abilità di decision making serve davvero a tutti perché ci permette di avere quel genere di sicurezza al pari di qualcuno che sa di avere un minimo (per non dire nullo) margine di errore. Per definizione, il decision making è un processo che ci permette di fare la scelta migliore tra diverse alternative, in termini di produttività e di efficienza. Inoltre, è strettamente correlato al problem solving.

Per padroneggiare il decision making, dobbiamo conoscere a fondo le fasi che formano il processo decisionale, ovvero:

- definizione del problema
- ricerca delle alternative
- selezione di una soluzione

Una buona decisione, quindi, è data da un approccio corretto in merito alla risoluzione del problema, di qualsiasi problema si tratti.

È evidente che trovare l'armonia tra tutte queste competenze – autoconsapevolezza, controllo emotivo, motivazione, empatia e abilità sociali – è l'unico modo per mantenere insieme l'intelligenza emotiva e per farlo dobbiamo allenarci quotidianamente, anche nelle piccole cose.

Ora che abbiamo chiarito l'importanza dei cinque pilastri dell'intelligenza emotiva e abbiamo un'idea più chiara di come fare per svilupparli, parleremo dei tre campi di applicazione più famosi: il mondo del lavoro, le relazioni e lo sport.

Capitolo 8
INTELLIGENZA EMOTIVA E LAVORO

L'intelligenza emotiva è una delle dieci *soft skills* più richieste durante i colloqui di lavoro, è un dato di fatto. Che cosa si intende per skills? Si tratta di tutte quelle competenze cognitive e non oppure socio-emotive denominate *hard* quando si tratta del sapere appreso a scuola e *soft* quando si tratta delle competenze sociali, della sfera emotiva e delle risorse personali in generale. Le soft skills, inoltre, sono le competenze trasversali più richieste in ambito lavorativo.

Tutte le professioni hanno l'esigenza di assumere una persona capace di valorizzare le proprie caratteristiche personali e capace di affrontare il futuro con determinazione. Il problem solving e la capacità di lavorare in team sono le qualità più ricercate, oltre a quella di saper comunicare e mantenere le relazioni, sapersi adattare a diverse situazioni e saper lavorare in autonomia. Il problem solving è una delle competenze più richieste perché ci aiuta ad ampliare le nostre vedute e ad affrontare le difficoltà cambiando prospettiva, facendoci lavorare con più efficienza.

Per trovare un posto di lavoro interessante, non possiamo più affidarci solo al nostro percorso accademico e alle abilità più pratiche: il nostro successo dipende anche dall'empatia, dalle nostre abilità sociali e dal modo in cui comunichiamo con gli altri. L'ultima decisione delle risorse umane, molto probabilmente, viene influenzata dalle emozioni più che dal nostro curriculum perché è ciò che ci distingue in una massa di profili validi e competenti. Un'altra qualità fondamentale nella ricerca del lavoro è il *dominio di sé*, ovvero la perseveranza di continuare di fronte ai rifiuti che, altrimenti, ci demotiveranno e non ci permetteranno di trovare un lavoro che ci piaccia.

Dopo aver fatto un figurone al colloquio e aver dimostrato la nostra intelligenza emotiva, il suo utilizzo non termina lì, anzi, è appena iniziato. Tutti e cinque i pilastri sono strumenti da sfruttare a nostro vantaggio in campo professionale, sia per creare un ambiente piacevole, sia per il nostro benessere emotivo. D'altronde, possiamo svolgere il lavoro dei nostri sogni ma se non siamo a nostro agio con le persone che fanno parte dell'ufficio, andare al lavoro si trasformerà in un vero e proprio incubo. L'insoddisfazione lavorativa, nella maggior parte dei casi, deriva proprio dalla mancanza di intelligenza emotiva: come possiamo scegliere un lavoro senza esserci mai fermati un attimo a capire *che cosa vogliamo dalla vita*, senza, quindi, avere autoconsapevolezza? Una volta che sappiamo quale lavoro vogliamo svolgere, ci lasciamo abbattere dai rifiuti ricevuti diventando apatici o continuiamo a cercare in modo propositivo perché abbiamo la *motivazione* necessaria per continuare? Infine, una volta trovato il lavoro che ci piace, siamo capaci di andare oltre le differenze caratteriali e di entrare in *empatia* con i nostri colleghi?

L'ambiente lavorativo è un contesto che non si limita a richiedere una logica rigida e glaciale, in quanto abbiamo bisogno di saperci comportare e rapportare con gli altri in modo flessibile e con un certo spirito di adattamento. In un clima del genere, la fiducia e l'alleanza fanno da padrone e ci permettono di affrontare le nostre mansioni in modo positivo e, di conseguenza, di essere più produttivi perché ottimizzeremo sia i tempi che i processi esecutivi.

La dualità tra razionalità ed emotività ha da sempre caratterizzato l'essere umano: alcuni portano all'esasperazione l'uso della razionalità per riuscire a governare le proprie emozioni, reprimendole, mentre altri ne rimangono travolti, facendo fatica a controllarle. Imparare a gestire questa dicotomia, in realtà, risulterà utile sia in campo personale che lavorativo perché si tratta di una risorsa preziosa che migliora la nostra vita.

L'intelligenza emotiva, fondata sui cinque pilastri che abbiamo appena approfondito – autoconsapevolezza, gestione delle emozioni, empatia, motivazione e abilità sociali – è una capacità che sviluppiamo intorno ai 4 anni di età, quando iniziamo ad interagire direttamente con un adulto. Crescendo, possiamo affinare il nostro bagaglio emotivo sviluppando le cinque caratteristiche principali dell'intelligenza emotiva, abbandonando la prospettiva individualistica per concentrarci sulle relazioni autentiche e profonde.

In ambito lavorativo, la differenza relativa alla qualità di un lavoratore piuttosto che di un altro (a parità di competenze) è data proprio dall'intelligenza emotiva, piuttosto che dal talento accademico.

Quali sono le caratteristiche che possono aiutarci a migliorare nel contesto lavorativo?

Una persona può essere la più talentuosa e competente del mondo, ma se non è in grado di interagire in modo positivo con gli altri, verrà esclusa dalle reti collaborative che si avviano tra colleghi, compromettendo poi, in un secondo momento, la propria performance perché si sentirà inevitabilmente a disagio.

Come possiamo intuire, nell'ambiente lavorativo è richiesta *collaborazione*: l'intelligenza emotiva è la nostra più grande alleata in tal senso perché ci permette di formare un team, una squadra di sostegno informale ed utile ad affrontare i vari problemi che incontreremo al lavoro. Saper instaurare un clima del genere al lavoro ci permette di sviluppare e sperimentare le nostre capacità personali, integrandole con quelle dei nostri colleghi e collaboratori.

Per poter collaborare in modo efficiente, dobbiamo saper gestire i conflitti in modo adeguato, comprendendo e accettando anche le prospettive che si discostano dalle nostre idee, senza imporre il nostro pensiero. Siamo stati abituati all'indifferenza e alla competitività ma queste peculiarità ci mettono in difficoltà perché ci conducono ad una sensazione di solitudine: con l'intelligenza emotiva possiamo, invece, guardare con un occhio diverso la competizione e renderla positiva. La competizione, infatti, ha una dimensione negativa (o esterna) quando è fatta di paragoni continui ed è positiva (o interiore) quando, invece, sfidiamo noi stessi a fare sempre del nostro meglio. A quanto pare, purtroppo, la società odierna premia l'aspetto di esibizione comparata a scapito della persona, per cui il valore di un individuo è dato dalla sua prestazione. In un'ottica del genere non è possibile migliorare le proprie capacità, perché saremo concentrati solo sull'obiettivo finale: *mors tua vita mea* sembra essere il motto che prevale nella vita di tutti i giorni, anche al lavoro. Per attribuire il giusto valore alla competizione, dobbiamo imparare a porci degli obiettivi interiori che ci faranno sentire appagati in ogni caso, a prescindere dal risultato ottenuto. Avere la consapevolezza di fare qualcosa di lodevole per noi stessi si traduce nella capacità di affrontare un risultato negativo in modo diverso: non come una sconfitta, bensì come un'occasione per crescere e migliorare.

Oltre a saper collaborare con altre persone e lavorare in gruppo, si aggiunge anche la capacità di gestire le proprie risorse in termini di tempo e di impegni lavorativi, in modo da non compromettere gli sforzi altrui – ad esempio, se stiamo ultimando un progetto entro una determinata data di scadenza, non possiamo ritardare la consegna perché non siamo stati capaci di organizzarci: in tal caso, vanificheremmo gli sforzi dei colleghi che hanno contribuito allo sviluppo del progetto.

Finora abbiamo considerato il punto di vista dei dipendenti, ma anche i manager o il capo hanno bisogno dell'intelligenza emotiva per poter motivare e comprendere lo stato d'animo dei propri collaboratori, in modo tale da creare un ambiente lavorativo perlomeno piacevole e pacifico. I nostri superiori ci guidano e ci influenzano in modo positivo e, in tal senso, le emozioni giocano un ruolo fondamentale: la loro grandezza, infatti, si basa sulla capacità di far leva sulle proprie emozioni e su quelle degli altri, di porsi come compagni di viaggio dei collaboratori e non come dittatori.

Tutti noi influenziamo gli altri, in un modo o nell'altro: in qualità di genitori, di fratelli, di insegnanti, di allenatori o di imprenditori, ad esempio, quindi questo paragrafo non è rivolto solo ed esclusivamente ai manager di un'azienda, ma a chiunque abbia il compito di guidare altre persone. Vediamo insieme come dovremo avvalerci dei pilastri dell'intelligenza emotiva in questo senso.

- Consapevolezza: avere fiducia in sé stessi e avere un piano per condurre gli altri all'obiettivo comune;
- Controllo emotivo: saper controllare gli impulsi

nonostante gli eventi ostili e saper gestire i propri stati d'animo, evitando che le emozioni negative non ci permettano di avere dei pensieri di qualità, validi;

- Motivazione: capacità di motivare noi stessi e le altre persone a perseguire l'obiettivo nonostante gli ostacoli e gli errori;
- Empatia: coltivare empatia, fiducia e speranza nelle proprie capacità e in quelle dei collaboratori;
- Abilità sociali: leadership, comunicazione, problem solving, decision making;

Quando la mancanza di intelligenza emotiva da parte dei nostri superiori non è tollerabile – il capo non è visto come un leader ma come un dittatore, non comprende le esigenze dei collaboratori e il suo livello di empatia è pari a zero – la situazione condurrà i collaboratori ad andarsene e licenziarsi, è inevitabile. Nessuno vuole trascorrere la maggior parte del suo tempo in un ambiente ostile, formato da persone negative che sanno solo lamentarsi (vedi: colleghi) o impartire ordini (i nostri superiori) senza tenere in considerazione di avere di fronte una persona in carne ed ossa, non un automa.

Le aziende che incoraggiano lo sviluppo dell'intelligenza emotiva, formano dei collaboratori che si sentono più apprezzati e connessi a tutta l'organizzazione perché possono esprimersi e condividere le proprie emozioni, non evitare di farlo per paura di offendere l'altro o per evitare di creare conflitti superflui. Un'ambiente del genere, inoltre, mette a disposizione degli spazi appositi in cui i collaboratori abbiano modo di prendere una pausa dal lavoro o lavorare in privato quando hanno bisogno di più concentrazione.

Grazie all'intelligenza emotiva, i leader in ogni settore riescono a prendere decisioni ottimali perché raggiungono un livello di consapevolezza a tutto tondo, sia a livello emozionale che razionale, allineato con i propri valori e con quelli dell'azienda. Nell'ambiente lavorativo, quindi, è di fondamentale importanza sviluppare una certa consapevolezza che ci permetta di esplorare le varie emozioni.

Ricapitolando, applicando l'intelligenza emotiva al lavoro apportiamo innumerevoli benefici a noi stessi e all'azienda: la consapevolezza ci spinge a crescere personalmente e ad avere più possibilità di successo, cosa che porterà l'azienda ad avere collaboratori più produttivi; saper controllare le nostre emozioni ci farà evitare un carico di stress enorme e ci permetterà di essere più flessibili al cambiamento, più equilibrati; lo sviluppo dell'empatia da parte del manager o del capo porta solo conseguenze positive nell'azienda perché i collaboratori si sentiranno compresi e vedranno i loro bisogno soddisfatti, quindi si fideranno del loro leader; le competenze sociali in termini di amicizia sul luogo di lavoro ci permettono di migliorare la nostra produttività, di avere una spalla che ci possa sostenere e motivare ad affrontare gli ostacoli e aiutano a creare un clima piacevole in ufficio.

Tutte queste caratteristiche sono ampiamente apprezzate in ambito lavorativo perché è di vitale importanza sapersi controllare e attenuare lo stress oppure saper lavorare in team con persone poco conosciute, soprattutto in un mondo che ci bombarda di stimoli esterni e ci distrae continuamente. Le aziende più all'avanguardia non sono quelle che si concentrano sul voto del diploma o della laurea, anzi, sono quelle che verificano le soft skill di un candidato, tra cui la sua intelligenza emotiva che, di certo, non si impara a scuola.

Capitolo 9
INTELLIGENZA EMOTIVA NELLE RELAZIONI

Le relazioni interpersonali non sono altro che connessioni tra due o più individui: possono basarsi su sentimenti quali amore, amicizia e simpatia o su passioni condivise o impegni sociali e professionali.

In qualità di esseri umani, siamo creature sociali e abbiamo bisogno di interagire con gli altri per tre ragioni:

1. sentirci accettati nella società – questa necessità è così radicata dentro noi che supera i bisogni fisiologici e di sicurezza: questo spiega l'attaccamento dei bambini ai genitori maneschi o l'incapacità di riuscire ad allontanarsi da una relazione violenta;

2. avere una ricompensa – sia in termini concreti che astratti. Questo concetto si basa sulla teoria dello *scambio sociale* che vede le relazioni come il risultato di un'analisi di costi/benefici: cerchiamo delle ricompense nelle interazioni con le altre per-

sone e siamo disposti a pagare un prezzo in cambio;

3. sviluppare un senso di sé: ovvero quella parte di noi intrisa di sentimenti e credenze che sviluppiamo relazionandoci con le altre persone.

Nel corso del capitolo analizzeremo l'incidenza dell'intelligenza emotiva nelle relazioni tra genitore e figlio e nella coppia.

Genitori/figli

Fin dall'antichità, la relazione genitori/figli ha sempre suscitato interesse: spesso era segnata dalla paura dell'abbandono o di ribellione, sono state concepite le ossessioni sia da parte del figlio maschio nei confronti della mamma (complesso di Edipo) sia da parte della figlia nei confronti del papà (complesso di Elettra).

La prima relazione che ci insegna l'intelligenza emotiva è proprio quella con i nostri familiari: da loro impariamo come percepire i nostri sentimenti e quali saranno le conseguenze, in termini di reazioni, degli altri. Il modo in cui i nostri genitori ci hanno trattato da piccoli ha un impatto notevole sulla nostra vita emotiva.

I comportamenti più comuni (e inadeguati) dei genitori sono tre:

- Ignorare i sentimenti
- Non dare regole

- Non avere rispetto per i sentimenti

È chiaro che, per poter insegnare ai propri figli tutto ciò che concerne la vita emotiva, i genitori devono avere una buona conoscenza a riguardo. Così come non possiamo insegnare meccanica quantistica ai nostri piccoli senza una formazione adeguata, allo stesso modo non possiamo illuminarli sui sentimenti e sull'intelligenza emotiva se non abbiamo una base solida.

Già fin dai primi anni di vita, il nostro bambino assorbe come una spugna tutti i dettagli dell'ambiente in cui vive: curiosità, fiducia, autocontrollo, connessione, capacità di cooperare, di comunicare sono solo alcune abilità che lo influenzeranno per tutta la sua vita. Chi ha ricevuto approvazione e un buon insegnamento emotivo sarà più avvantaggiato, perché avrà una prospettiva fiduciosa ed ottimista, al contrario di chi, invece, è stato maltrattato in quanto avrà una visione distorta dell'empatia.

Il nostro carattere, però, non è solo il risultato di cause esterne, anzi, abbiamo delle capacità emotive innate che non sono definite, ma si evolvono e migliorano con l'apprendimento. Il nostro cervello, infatti, non è ancora completamente formato quando veniamo al mondo. Durante l'infanzia avviene lo sviluppo più intenso, ma continua a crescere e a modificarsi per tutta la vita. In particolar modo, attraverso il processo di *pruning* (potatura) con la pubertà, perdiamo le connessioni neuronali meno usate e consolidiamo quelle che utilizziamo più spesso.

I genitori possono diventare dei veri e propri allenatori emotivi perché sono le persone più presenti durante l'età dello sviluppo del bambino.

Come fare?

Gottman, psicologo di fama mondiale, ha creato una guida che può aiutarci a diventare dei perfetti allenatori emotivi. I benefici che doneremo ai nostri bambini saranno infiniti, ma verteranno su tre punti cardinali:

- nostro figlio si sentirà compreso e avvertirà il nostro interesse genuino, quindi non avrà bisogno di fare scene per attirare la nostra attenzione;

- imparerà a calmarsi da solo e a rilassarsi anche sotto stress;

- consolideremo il nostro legame emozionale e il bambino sarà più disposto a compiacere che a deludere le nostre aspettative.

Come genitori, dobbiamo accettare le emozioni negative dei nostri figli ma non i loro comportamenti – dobbiamo entrare nell'ottica di allenatori emotivi e imparare, quindi, a provare empatia per i nostri figli. Rabbia, tristezza e paura sono emozioni che non devono mai essere minimizzate o sottovalutate: cerchiamo di entrare nei panni di nostro figlio e di considerare quei momenti come un'occasione di crescita, gestendoli con pazienza. Saper ascoltare non significa essere permissivi, anzi, i comportamenti errati vanno sempre corretti.

Dietro al comportamento sbagliato del bambino non dobbiamo limitarci a correggere, ma dobbiamo scavare a fondo e capire che cosa si nasconde dietro quell'atto (gelosia tra fratelli, inserimento scolastico, altri disagi). Quando nostro figlio è teso o arrabbiato, facciamo uno sforzo per immedesimarci e capire che cosa ha generato quell'emozione. Un bambino piccolo non riesce ad esprimere le emozioni che sente ed è nostro compito riuscire ad avere un quadro generale della situazione. Una volta che siamo sintonizzati sulle emozioni che prova nostro figlio, significa che siamo entrati in empatia con lui e possiamo passare alla fase successiva.

Il momento di crisi che il bimbo vive può essere sfruttato come un'ottima occasione per allenarlo emotivamente: invece di innervosirci per le sue lacrime o di ignorarlo, pensando che le sue emozioni non siano importanti o, peggio, che passino da sole, insegniamogli a capire che cosa prova, diamo un nome ai sentimenti e comunichiamolo a nostro figlio che, in questo modo, non crescerà nell'insicurezza ma, anzi, si sentirà compreso. Il segreto è imparare a riconoscere le emozioni *prima* che diventino una crisi.

La parte più difficile è imparare ad ascoltare nostro figlio senza giudicarlo o senza fornirgli soluzioni al problema. Ascoltare attivamente e in modo empatico significa sederci alla sua altezza, parlargli utilizzando un tono tranquillo e senza fretta e dimostrandogli di capire che cosa prova. Una volta definita l'emozione che sta provando, aiutiamolo a comprendere che il suo comportamento non è accettabile, nonostante abbia tutte le ragioni per sentirsi in quel modo. È compito nostro porre dei limiti ai capricci, d'altronde. L'esclusione temporanea può funzionare se fatta con tatto, senza utilizzare atteggiamenti bruschi o urla.

Ora che il bambino si è calmato, possiamo aiutarlo a risolvere il problema ma senza fornirgli direttamente la soluzione: chiediamogli che cosa vorrebbe, incoraggiamolo a pensare in autonomia. Possiamo inscenare la situazione utilizzando dei giocattoli oppure creare insieme a lui una lista di soluzioni e depennare quelle che non gli piacciono. Per visualizzare una soluzione, possiamo ricordare a nostro figlio un obiettivo che ha già raggiunto e rievocare la soluzione che ha adottato in passato. Può essere utile anche raccontare come abbiamo affrontato noi lo stesso problema quando eravamo piccoli e che cosa abbiamo imparato da quell'esperienza.

Se nostro figlio opta per una soluzione che reputiamo sbagliata ma comunque innocua, non limitiamolo: facciamolo sbagliare, così potrà imparare dai suoi errori.

Nella coppia

Le relazioni romantiche sono state definite in modi innumerevoli da scienziati, filosofi e scrittori ma nessuno si è mai avvicinato al concetto di amore. Sternberg circoscrive l'amore in tre termini: intimità, passione e impegno; Fisher, invece, lo vede come la composizione di tre fasi: attrazione, amore romantico e attaccamento. L'amore è un insieme di mille componenti come attrazione fisica, mentale, il supporto emotivo, la reciprocità e per questo è davvero difficile definirlo.

Anche le relazioni amorose affondano le loro radici nella nostra infanzia e nel periodo dello sviluppo, quando affiniamo la nostra capacità di leggere i segnali verbali e non verbali e nell'esprimere i nostri sentimenti, oppure quando minimizziamo le emozioni che ci rendono vulnerabili.

Uomini e donne rappresentano due universi differenti per quanto riguarda l'intelligenza emotiva, specialmente per la consapevolezza e la gestione dei propri sentimenti e questo è dovuto ad una differenza educativa e culturale che vede le donne come persone più attente alla vita emozionale. Gli uomini, invece, sembrerebbero meno inclini a riconoscere e ad utilizzare le emozioni, anche solo per comunicare che cosa provano. Chiaramente questi due universi non dipendono soltanto dalle differenze uomo/donna, ma da come una persona è stata cresciuta, senza distinzione di genere: perciò un uomo potrebbe essere più predisposto ad ascoltare e a parlare di sentimenti rispetto ad una donna abituata a nascondere le proprie emozioni perché cresciuta in un ambiente del genere.

Di conseguenza, se l'intelligenza emotiva nella coppia scarseggia, queste tendenze si estremizzano e allontanano i partner progressivamente: da una parte l'emotività è fuori controllo e non permette di pensare in modo lucido, dall'altra parte vi è una chiusura e un atteggiamento difensivo che accentua e aggrava la mancanza di comunicazione.

Inoltre, in assenza di intelligenza emotiva, durante una discussione si tende a spostare l'attenzione dall'oggetto del litigio alla persona, al suo comportamento che viene visto come un modo di essere dell'altro. Di conseguenza, i litigi in questo clima diventano un modo per denigrare e svalutare l'altro.

È chiaro, quindi, che nella comunicazione all'interno della coppia è necessario utilizzare l'intelligenza emotiva: grazie all'empatia possiamo entrare in connessione con l'altro e capire il suo punto di vista (anche se non lo condividiamo). Durante una discussione, invece di puntare sui difetti dell'altra persona o sul comportamento che non ci piace, cerchiamo di trasmettergli *come ci sentiamo,* parliamo nei nostri sentimenti così da metterci in gioco e rinunciare a pretese o giudizi che non cercano una soluzione.

Capitolo 10

INTELLIGENZA EMOTIVA NELLO SPORT

Il collegamento tra intelligenza emotiva e sport non è così palese e intuitivo come per il lavoro e le relazioni in generale.

Che cosa c'entra l'intelligenza emotiva con lo sport? Verrebbe da pensare.

Abbiamo ribadito più volte che una persona emotivamente intelligente è capace di canalizzare le proprie emozioni e mantenere la mente lucida: nell'ambito sportivo dobbiamo prendere decisioni adeguate e rapide.

L'intelligenza emotiva è la capacità di comprendere, esprimere, percepire e controllare le emozioni, in modo tale da farle lavorare per noi e non contro di noi. Come possiamo immaginare, l'intelligenza emotiva trova vari campi di applicazione: a casa nelle relazioni con i nostri figli, i nostri genitori e col partner, al lavoro (o a scuola) e anche nell'ambiente sportivo.

Questa abilità è costituita da cinque componenti:
- Autocontrollo in merito agli impulsi e alla gestione dello stress;
- Assertività, ovvero la competenza di sapersi esprimere in modo chiaro ed efficace senza offendere nessuno;
- Empatia, vale a dire sapersi immedesimare nello stato d'animo altrui;
- Automotivazione, cioè saper perseguire un obiettivo andando oltre le difficoltà e i problemi che insorgono;
- Autoconsapevolezza relativa a sé stessi e alle proprie emozioni.

L'allenamento svolge un ruolo rilevante sul nostro stato emozionale e, viceversa, anche il nostro stato mentale insieme ad una buona padronanza emotiva giocano un ruolo sostanziale nel rendimento sportivo.

Le emozioni positive e negative troppo intense, possono portarci a perdere il controllo della situazione se non siamo capaci di gestirle. Ad esempio, un giocatore troppo emotivo o un allenatore che sta perdendo una partita, percepiranno un sentimento di frustrazione che farà perdere loro la capacità di ragionare lucidamente e di prendere una buona decisione.

La concentrazione di un atleta è influenzata enormemente dalle battaglie emozionali che vive ogni giorno: per questo motivo l'autocontrollo in una persona che pratica sport dovrebbe essere la prassi per non farsi prendere dalla rabbia e venire espulso da una partita, ma soprattutto per migliorare la propria prestazione sia in allenamento che in gara.

Un atleta emotivamente intelligente è in grado di comprendere *in che modo* le emozioni personali influenzano la sua prestazione e di identificare i pensieri disfunzionali modulandoli a suo beneficio. Anche se è più immediato comprendere il motivo per cui il controllo emozionale sia fondamentale nei giochi mentali, ad esempio negli scacchi, nel poker o nei giochi in scatola, esso è indispensabile anche per gli sport fisici.

Oltre ad influenzare la tattica di gioco, l'intelligenza emotiva svolge un ruolo rilevante per quanto riguarda tutta la risposta fisiologica che concerne la respirazione, la regolazione muscolare e quella cardiovascolare. Infatti, elevati livelli di attivazione possono aiutarci nei compiti fisici semplici ma possono compromettere il risultato di una gara perché l'attivazione rende difficile la coordinazione e la destrezza manuale. Per questo motivo, i livelli di attivazione devono essere monitorati durante gli allenamenti, in modo tale da poter individuare il livello adeguato che permetta all'atleta di ottenere una prestazione ottima.

L'autocontrollo, quindi, è importante quanto i fattori fisici nella preparazione di un atleta perché gli permette di prendere delle decisioni rapidamente e in modo efficace, oltre che ottenere un ottimo funzionamento psicofisico.

L'assertività è una risorsa chiave nelle persone di successo e lo è anche in ambito sportivo, sia per gli allenatori che per gli atleti e per i dirigenti sportivi. Un allenatore, ad esempio, deve saper essere assertivo per poter comunicare nel modo più efficace possibile e deve saper educare con autorevolezza (attenzione: non con aggressività). Per poter comunicare in modo assertivo, quindi, l'allenatore deve tenere in considerazione due fattori, principalmente:

- *L'ascolto* impostato sulla condivisione di obiettivi, sul rispetto e sulla reciprocità;
- *L'empatia*, comprendendo e rispettando il punto di vista del proprio interlocutore.

Lo stesso discorso è valido anche per i dirigenti sportivi perché devono saper fronteggiare le varie dinamiche che fanno parte di una società sportiva.

Essere assertivo per un atleta, invece, significa *saper affrontare le situazioni a sangue freddo* ed essere in grado di parlare sia con l'allenatore che con i compagni, evitando atteggiamenti passivo-aggressivi. Un atleta assertivo è sicuro delle proprie risorse e delle proprie potenzialità, si sente all'altezza di affrontare qualsiasi situazione competitiva e presenta una buona dose di autostima.

I concetti di autostima e di assertività sono inevitabilmente correlati: avere fiducia in sé stessi è un aspetto vitale soprattutto in ambito sportivo perché trasforma il nostro potenziale in obiettivi da raggiungere. Quando non abbiamo stima in noi stessi, invece, ci abbattiamo al minimo ostacolo e finiamo per comportarci in modo passivo-aggressivo, pensando che si tratti dell'unico modo che abbiamo a disposizione per esprimerci.

Essere assertivi significa possedere anche l'empatia, una qualità che implica saper ascoltare e sintonizzarsi con l'interlocutore, assumendo il suo punto di vista. Per imparare ad ascoltare l'altro, non dobbiamo limitarci semplicemente a ricevere il messaggio verbale, anzi, dobbiamo imparare ad osservare i gesti dell'altra persona. Nel basket, ad esempio, un attaccante deve decidere come muoversi in base alla posizione dei piedi del difensore. In linea generale, buona parte del messaggio inviato all'interlocutore è formato dai movimenti del corpo (nello specifico, il 55%) mentre meno del 10% è costituito dalla comunicazione verbale.

La sincronizzazione è una delle capacità relazionali non verbali: negli sport di squadra, essere sincronizzati è un'abilità che sta alla base del gioco di gruppo. Il contatto visivo è un altro elemento che contribuisce alla comunicazione non verbale e facilita due componenti della squadra che devono comunicare senza trasmettere l'informazione all'avversario.

L'automotivazione non è un concetto che viaggia a senso unico verso il risultato sportivo: la motivazione lo migliora, è vero, ma avviene anche l'inverso perché un buon risultato alimenta la motivazione dell'atleta. Come abbiamo detto in precedenza, il termine motivazione significa *muovere verso* e fa riferimento a quella spinta che ci muove verso un determinato obiettivo. La motivazione è intrinseca quando parte direttamente da noi ed è estrinseca quando è influenzata da energie esterne; in quest'ultimo caso, una persona vede lo sport come un mezzo per raggiungere un obiettivo e, molto probabilmente, è stato indotto da qualcun altro, e non come un semplice scopo fine a sé stesso – soddisfazione di vincere il campionato o una partita, desiderio di partecipare alla partita e non stare in panchina, migliorare la propria tecnica, eccetera. Chi trova la motivazione dentro di sé, invece, avrà più probabilità di ottenere ottimi risultati sportivi perché sarà più spontaneo e genuino nel praticare quel determinato sport.

La leadership dell'allenatore assume un ruolo portante in questo senso perché egli deve essere capace di trasmettere un'ottima motivazione ai ragazzi, creando un clima di fiducia.

Per essere motivati, tuttavia, abbiamo bisogno di maturare un senso di autoefficacia, cioè dobbiamo saper calcolare *oggettivamente* le probabilità che abbiamo di svolgere l'attività sportiva, in questo caso. Essere consci di sé stessi significa avere consapevolezza delle nostre emozioni, dei nostri punti di forza e di debolezza e significa avere fiducia in noi stessi.

Ancora una volta, ci ricolleghiamo al discorso dell'autostima che si sviluppa durante l'infanzia, insieme all'autoefficacia. I bambini, infatti, determinano il loro livello di autoefficacia dai successi e dai fallimenti, dall'incoraggiamento ricevuto, dagli esiti di esperienze fatte da altri e dallo stato fisiologico che hanno vissuto (eccitazione, ansia, dolore fisico o fatica).

È proprio grazie all'autoefficacia che riusciamo ad impostare degli obiettivi sia a breve che a lungo termine e la loro riuscita andrà ad accrescere l'autoefficacia che percepiamo. È un ciclo che si ripete e che si auto-alimenta. Un atleta che presenta una maggiore autoefficacia sceglierà degli obiettivi ambiziosi e realistici, sarà capace di affrontare le difficoltà al meglio e saprà gestire i pensieri negativi o gli insuccessi passati; chi, al contrario, dubita delle proprie capacità tende a sopravvalutare le doti degli avversari e a preoccuparsi troppo dei rischi relativi al fallimento.

Le convinzioni di autoefficacia, inoltre, sono rilevanti nel controllo del dolore e nella ripresa da un infortunio. Durante la riabilitazione, un atleta recupererà più velocemente e in modo positivo se avrà una migliore consapevolezza di sé, altrimenti non avrà nemmeno voglia di rimettersi in forma.

Il controllo emotivo può essere appreso sia durante gli allenamenti in modo implicito, sia con specifiche strategie tramite l'utilizzo di *mental skills*. Le mental skills adatte allo sport sono sette:

- strategie di ricerca visiva;

- rilassamento inteso come *concentrazione rilassata* per allentare l'ansia e raggiungere lo stato di flow, ovvero la concentrazione psicofisica che può fare la differenza specialmente ad alti livelli di agonismo;

- utilizzo del self-talk: si tratta di una tecnica che consiste nel fare affermazioni ed evitare le negazioni, in quanto la nostra mente inconscia non riconosce la differenza. Quindi, invece di dirci *non avere paura* possiamo utilizzare una sola parola: coraggio! Oltre alle affermazioni e agli incoraggiamenti, possiamo darci brevi istruzioni, frasi stimolanti e parole chiave;

- attenzione focalizzata: la concentrazione è l'elemento chiave di una buona performance, in quanto ci permette di captare tutti i segnali ambientali, i punti deboli dell'avversario e ci permette di comunicare senza parlare con i nostri compagni di squadra;

- goal setting: nella psicologia applicata allo sport, la definizione degli obiettivi è una delle tecniche più utilizzate per influenzare gli atleti di qualsiasi età. L'allenatore deve saper coinvolgere il più possibile l'atleta nella procedura di goal setting, in modo tale da motivarlo profondamente. Gli obiettivi, oltre che essere SMART (specifici, misurabili, accessibili, realistici, temporali) possono essere di risultato, di prestazione o di processo. Gli obiettivi di risultato si orientano solo sull'esito della competizione (vincere) e non sono controllabili – il rischio è quello di avere troppa pressione sulle spalle; gli obiettivi di prestazione sono collegati al miglioramento delle nostre performance in qualità di atleti e possono essere controllati; infine, gli obiettivi di processo rappresentano tutto ciò che bisogna fare per acquisire un'abilità. Precisamente, indicano che cosa fare per raggiungere l'obiettivo di prestazione;

- autoregolazione dell'arousal ovvero quella capacità di saper raggiungere e mantenere un livello ottimale di concentrazione richiesto dalla performance, abilità che possiamo allenare con delle tecniche di attivazione. Le competizioni sportive, dal punto di vista psicologico, sono caratterizzate dall'attivazione fisiologica del nostro organismo, ovvero dall'aumento dell'arousal. Il nostro sistema nervoso si divide in simpatico e parasimpatico: il primo ci prepara all'azione mentre il secondo produce risparmio energetico e rilassamento. In uno stato di iperattivazione aumenta l'attività cardiaca, la sudorazione, vi è irrigidimento muscolare e irregolarità respiratoria. In questo stato non riusciamo a gestire i nostri stati emotivi, fatichiamo a mantenere la concentrazione e potrebbero sorgere dei pensieri negativi in merito alla prestazione che stiamo per affrontare. Al contrario, in uno stato di ipoattivazione, non vi è un aumento della frequenza cardiaca ma percepiamo poca energia, poca concentrazione e non abbiamo la minima motivazione per partecipare alla gara. L'obiettivo di ogni atleta è quello di raggiungere l'arousal ottimale per poter svolgere una prestazione ideale. Purtroppo, non esiste un indicatore universale di arousal ottimale, ma ognuno di noi deve conoscere il proprio e, soprattutto, deve saperlo riconoscere. Le tecniche utilizzate per abbassare il livello di arousal quando siamo troppo eccitati sono le seguenti: controllo del self-talk, tecniche di mindfulness e di rilassamento, visualizzazione mentale e respirazione diaframmatica. Invece, le tecniche per incrementare l'attivazione del livello di arousal quando siamo poco o per nulla motivati in vista di una gara sono le seguenti: goal setting, rievocazione mentale di esperienze positive, esercizi di respirazione per aumentare la frequenza cardiaca e self-talk. La gestione dell'arousal è una capacità di fondamentale importanza in ambito sportivo e, oltretutto, è una tappa fondamentale nel percorso di allenamento mentale per poter preparare l'atleta nel migliore dei modi. Durante l'allenamento sarà fondamentale ricreare situazioni che stimolino la pressione e l'aumento dell'arousal che, in seguito, verrà sperimentato in gara;

- imagery: il termine si riferisce all'utilizzo di *immagini mentali* in cui vengono rappresentate le sequenze di azioni mentalmente, come in un film, in modo da perfezionare il movimento nei minimi dettagli. Questa tecnica ci permette di sviluppare una vivida capacità di immaginazione: si tratta di un vero e proprio allenamento ideomotorio che influenza l'esecuzione reale.

Ricapitolando, l'intelligenza emotiva nello sport può causare meno infortuni, meno abbandono, maggiori prestazioni sportive e maggiore ripresa dall'infortunio. D'altronde, si tratta di una connessione con la personalità che agisce in modo determinante quando siamo sotto pressione in qualità di atleti.

Per fronteggiare questa situazione di pressione, dobbiamo prendere delle decisioni che causano picchi di stress perché vanno prese molto velocemente, in pochi decimi di secondo. Proprio per questo motivo ogni atleta, dal dilettante al professionista, deve essere allenato a saper gestire quello stress.

Gli altri benefici dell'intelligenza emotiva possono essere distinti su più livelli:

- a livello *emotivo* perfeziona il raggiungimento degli obiettivi, il lavoro di squadra, l'empatia, il controllo delle emozioni e delle reazioni negative, la competitività, l'identificazione dei valori personali e di quelli sportivi;

- a livello *fisico* migliora la gestione personale in termini di riposo, di tempo, di equilibrio con lo sport (non ossessione) e, inoltre, aiuta a creare sane abitudini alimentari;

- a livello *sociale* arricchisce i rapporti interpersonali con la squadra, gli allenatori, i dirigenti, i fisioterapisti, eccetera;

- a livello *razionale* ci insegna come funziona il gioco, quali sono le tattiche vincenti e ci aiuta ad imparare anche gli aspetti più tecnici.

Nel mondo dello sport un secondo o alcuni centimetri possono fare la differenza tra vincitore e perdente: lo stesso discorso vale per l'intelligenza emotiva che ci permette di canalizzare le nostre emozioni per sfruttarle al meglio. Un atleta è intelligente emotivamente quando sa riconoscere e gestire le proprie emozioni sia in fase pre-gara sia durante la partita perché, in un modo o nell'altro, sarà avvantaggiato. Nella vita di tutti i giorni, ma soprattutto nella prestazione sportiva, l'emozione influenza profondamente l'espressione del gesto atletico.

Ogni atleta presenta risposte diverse agli eventi: la medesima situazione può essere vissuta in modo attivo oppure può essere una fonte di stress e di ansia. Con l'arousal (l'implementazione della consapevolezza del proprio livello di attivazione) possiamo affrontare qualsiasi evento sportivo in modo fiducioso e positivo. L'allenamento mentale, invece, ci aiuta a sfruttare l'intelligenza emotiva in campo, in quanto ci fa ascoltare il nostro corpo, allontana le emozioni disfunzionali, ci fa concentrare sul momento presente e sul gesto tecnico che stiamo compiendo, utilizza in modo positivo il dialogo interiore e migliora la nostra resilienza – quella capacità che ci permette di affrontare le difficoltà attivamente, imparando dai fallimenti e facendoci risollevare dopo le sconfitte.

CONCLUSIONE

Siamo giunti al termine di questo libro e, a questo punto, dovremmo avere ben chiaro in mente il motivo per cui l'intelligenza emotiva è un'abilità sulla quale dobbiamo puntare. Possiamo vederla come una cassetta per gli attrezzi che contiene cinque strumenti collegati tra loro ma che hanno funzioni diverse: l'autoconsapevolezza serve ad identificare le nostre emozioni, atto che ci servirà per poterle gestire tramite il controllo emotivo e per poter comprendere le emozioni degli altri, utilizzando l'empatia. Quest'ultima, spesso, è strettamente correlata alle abilità sociali, altro strumento indispensabile per poter instaurare dei rapporti sani e duraturi con le persone con cui interagiamo.

L'automotivazione è quella spinta che ci fa alzare al mattino, carichi di energia per affrontare una giornata. Abbiamo visto che se le giornate ci appaiono tutte uguali, grigie e anonime significa che non le abbiamo rese abbastanza colorate; i casi sono due: o le mansioni che svolgiamo sono al di sotto delle nostre capacità e ci annoiano, quindi abbiamo bisogno di impostare degli obiettivi più sfidanti, oppure le attività che ci aspettano durante la giornata ci mettono ansia perché non siamo ancora sicuri delle nostre capacità, che dobbiamo sviluppare.

Avere un buon livello di intelligenza emotiva ci permette di creare un ambiente piacevole ovunque, al lavoro e a casa, perché non ci saranno parole non dette che aleggiano nell'aria e la appesantiscono, non ci sarà spazio per incomprensioni e sfuriate dovute alla repressione di sentimenti, in quanto saremo capaci di comunicare e di parlare delle nostre emozioni.

È più facile capire di che cosa ha bisogno il nostro cane e quali emozioni avverte, ma agire con intelligenza emotiva con un'altra persona è più complicato. Ad esempio, la delusione è un'emozione tipicamente umana formata da un mix di rabbia, disgusto e tristezza. Ognuno di noi sperimenta la delusione in diversi modi, a seconda del significato che le attribuisce, della persona che l'ha suscitata e della situazione in cui si trova. Comprendere quale sfumatura ha assunto la nostra delusione ci permette di capire il motivo per cui ci comportiamo in un centro modo.

Non è semplice riuscire a decifrare il linguaggio trascurato delle emozioni di questi tempi, fatti di social e di velocità, ma soprattutto tempi in cui i sentimenti diventano un materiale perfetto da pubblicare sotto ai post. A complicare il tutto, non vogliamo aggiungere anche la predisposizione di base che abbiamo? C'è chi è più portato e chi meno, è inevitabile, e chi riesce a comprendere tutte le informazioni che ha a disposizione è più avvantaggiato nelle relazioni e nella società in generale, perché sa agire seguendo i segnali di una determinata emozione. Sapere che per noi la delusione si avvicina più alla rabbia rispetto alla tristezza o al disgusto significa sapere come si muove la nostra rabbia e scegliere un modo per lasciarla sfogare. Questo ci aiuta a non agire impulsivamente o in modo passivo-aggressivo che crea solo incomprensione e spirali relazionali tossiche, ad esempio evita di farci trattare in modo freddo o con sufficienza il nostro collega che non ha portato con sé le nostre copie dal viaggio di ritorno dalla fotocopiatrice alla scrivania.

L'intelligenza emotiva, in conclusione, è la capacità di sentire le nostre emozioni, dare loro un nome per avere chiaro il loro scopo o la loro azione, saperle gestire regolando la loro intensità rispetto allo stimolo e saperle usare per interagire con gli altri. È come una bussola d'oro che ci orienta internamente verso il nostro sentire, ce lo spiega e ci indica la direzione da prendere anche quando il nostro cammino è determinato da una relazione con un'altra persona. A quel punto, la nostra bussola d'oro saprà leggere le informazioni che captiamo, codificandole e orientandoci verso una efficace modalità relazionale, fatta di emozioni e di motivazione.

Come abbiamo detto, c'è chi non è portato all'intelligenza emotiva ma può rimediare perché si tratta di una capacità che può essere allenata, come ogni funzione umana. Non ci classificheremo al primo posto nei campionati mondiali di intelligenza emotiva, va bene, ma potremo migliorare il nostro benessere interiore e le nostre interazioni personali e professionali.

Vi lascio con un mantra, una frase da stamparvi bene in mente o da appendere sopra alla vostra scrivania così da tenerla sempre a portata di mano: *speak your mind, even if your voice shakes.* Se una conversazione è dura da affrontare, ci fa battere il cuore e richiede una certa dose di coraggio, significa che è quella per cui vale la pena parlare. Abbiate coraggio e non fatevi intimidire dalle emozioni, affrontatele e domatele perché avete tutti gli strumenti per farlo.

Printed in Poland
by Amazon Fulfillment
Poland Sp. z o.o., Wrocław